V

TRAITÉ

ENCYCLOPÉDIQUE

DE

L'ART DU TAILLEUR.

IMPRIMERIE D'HIPPOLYTE TILLIARD,
RUE DE LA HARPE, N. 88.

TRAITÉ

ENCYCLOPÉDIQUE

DE

L'ART DU TAILLEUR,

Par F. A. BARDE.

ORNÉ DE 150 FIGURES ;

SUIVI

D'UN APPENDICE DE LA MÉTHODE BARDE.

PARIS.

CHEZ L'AUTEUR,

RUE DE CHABROL, N° 9 ;

ET CHEZ LES PRINCIPAUX LIBRAIRES DE PARIS
ET DES DÉPARTEMENTS.

1834.

INTRODUCTION.

Én écrivant aujourd'hui sur la profession du tailleur, je veux essayer de réduire en principes les
moyens dont une expérience de vingt-cinq ans m'a
démontré l'exactitude et l'utilité. Si j'ai recueilli
quelques succès dans ma longue carrière industrielle, je les dois sur-tout à l'attention que j'ai également attachée à toutes les diverses parties d'une
profession difficile, et dont les avantages et les

1

mérites ne sont point encore assez appréciés. Il doit donc m'être permis de m'autoriser de mon expérience pour faire connaître les règles d'un art qui contribue au bien-être des hommes, et qui est le but vers lequel tendent presque toutes les industries.

Je n'ambitionne point le titre d'auteur : j'ai cherché seulement à faire un livre utile aux hommes destinés à la même carrière que moi, et agréable aux personnes qui savent attacher une juste importance à une mise conforme aux préceptes de la mode et du goût.

Cette profession de foi répondra d'avance aux critiques qui pourraient attaquer le Traité Encyclopédique que je publie. Je laisse dès lors les esprits légers et superficiels en railler le sujet, en contester le mérite, en dénigrer l'utilité. J'appelle dès à présent de leur jugement aux tailleurs qui reconnaîtront me devoir des conseils utiles, des observations importantes, une étude approfondie des difficultés qui les ont souvent embarrassés ; j'en appelle encore au témoignage des hommes de goût qui se plaisent à suivre tous les efforts progressifs d'amélioration industrielle.

L'art de s'habiller, de même que l'art de faire des

habits bien faits, appartient à cette époque de la société où la civilisation introduit ses réformes, adoucit les mœurs, perfectionne les procédés, et rend l'aisance plus générale. Il suit donc les progrès de la civilisation, parce qu'il en est aussi un des caractères essentiels et distinctifs.

Nous sommes arrivés aujourd'hui, en France, à cette époque où l'art du tailleur paraît avoir acquis ses plus grands développements. Mais aussi il devient nécessaire, pour corriger les difficultés et les imperfections qu'on peut encore lui reprocher, d'en faire l'objet d'une étude théorique qui explique la cause de ces imperfections, la nature de ces difficultés.

Bien que l'on ait cru pouvoir dire que jamais le nombre des habits bien faits n'ait été plus grand qu'il l'est maintenant, il est facile cependant de reconnaître que ce nombre n'est pas encore de un sur vingt. Cette différence, que quelques calculs suffiraient pour démontrer, résulte de plusieurs causes examinées dans le cours du Traité Encyclopédique. Je les indiquerai ici, en disant qu'elles tiennent à ce que les conformations n'ont point encore été assez étudiées, et à l'insuffisance des moyens usités

i*

pour prendre mesure de ces conformations. Cette insuffisance, du reste, est si bien sentie, que les meilleurs tailleurs de Paris et de Londres, prennent la précaution de faire essayer les habillements avant de les terminer, afin de pouvoir corriger les défauts d'une mesure douteuse ou mal prise.

C'est par l'étude des conformations, qu'un tailleur parvient à apprécier l'utilité ou la nécessité des mesures qu'il doit prendre pour confectionner un habillement bien fait. S'il néglige cette étude, rarement sa coupe sera exacte, et ses habits seront toujours défectueux.

J'appelle conformation du corps de l'homme, l'ensemble produit par les diverses proportions de ses organes extérieurs. Je laisse aux anatomistes le soin d'expliquer la structure intérieure de ces organes : je m'occupe ici seulement de celle qui consiste dans la proportion qui règne entre la circonférence du haut et du bas du buste de l'homme, la longueur de ce buste, le développement plus ou moins grand de la poitrine, l'égalité ou la convexité du dos, les diverses hauteurs des épaules, et enfin la forme de l'ensemble du dos, qui varie suivant la concavité du bas de cette partie de l'homme.

De la disposition de ces différentes parties, résulte ce que l'on peut appeler la physionomie du corps de l'homme, autrement dit la *conformation*.

La conformation ainsi expliquée est non-seulement différente selon l'âge, mais varie encore à l'infini. Ainsi, entre deux hommes ayant la même taille, la même circonférence du buste, la même courbure du dos, il peut exister une différence quant à la hauteur des épaules, ou à la concavité de la partie inférieure du dos.

Dans ce cas, une mesure absolument identique ne saurait convenir à ces deux conformations qui paraissent uniformes dans leur ensemble, mais qui sont opposées dans certaines parties. Et si le tailleur ne sait pas saisir cette différence, son ouvrage sera imparfait.

Il faut reconnaître cependant que, dans l'état actuel des moyens employés par les tailleurs pour prendre des mesures, cette étude des conformations présente des difficultés que, de prime abord, on serait tenté de regarder comme insolubles.

En effet, quelque exercé, quelque habile que soit le coup d'œil de l'homme, il ne peut jamais saisir avec une précision rigoureuse, et pour ainsi dire mathématique, la différence qui peut exister entre deux conformations, en apparence semblables. Ici, comme dans tous ses ouvrages, la nature est si variée, que ses modifications échappent souvent à la vue, et que, pour les reconnaître, le tailleur est obligé de recourir à des moyens mécaniques.

Ces moyens qui, aujourd'hui encore, consistent uniquement dans l'emploi de la bande de papier et du ruban métrique, sont de beaucoup insuffisants pour produire tous les résultats indispensables pour celui qui veut confectionner un habit parfait.

Ils ne font connaître que des longueurs ou des largeurs qui ne sont jamais assez exactement déterminées pour certaines parties du corps. Ils n'aident pas à tenir un compte vrai des variations plus ou moins grandes qui se remarquent entre diverses conformations. C'est ainsi qu'avec le ruban métrique, il est impossible de découvrir quelle différence de hauteur existe, par exemple, entre l'épaule droite et l'épaule gauche d'un homme; quelle différence encore il peut y avoir entre plusieurs individus, alors même qu'elle frapperait immédiatement les yeux. C'est ainsi qu'on ne peut trouver les degrés plus ou moins grands de la proéminence de l'abdomen, ou bien de la bombure et de la convexité du dos.

Dans cette insuffisance de moyens, l'étude des conformations présente des difficultés réelles et multipliées. Elle exige un travail pénible, une attention sans cesse active, des observations long-temps suivies ; et encore ne peut-on pas s'en promettre des résultats toujours certains, si l'on se borne aux procédés usités jusqu'à ce jour pour prendre les mesures nécessaires.

Ce sont ces difficultés que j'ai cherché à vaincre, en expliquant l'importance que le tailleur doit attacher à bien saisir toutes les différences des conformations, et en inventant moi-même des instruments ¹ d'un usage facile et d'une précision mathématique, à l'effet de constater, en peu d'instants, la conformation complète de la personne qu'il s'agit d'habiller.

C'est ainsi qu'après avoir parlé de l'habillement en général, qui fait le sujet du premier livre, je m'attache, dans le second, à traiter des conformations,

---

¹ L'épaulimètre, le dossimètre, le triple décimètre et le compas métrique, dont l'application est démontrée dans l'Appendice consacré, à la fin de cet ouvrage, à la *Méthode Barde.*

et que j'indique toutes les mesures qu'il est nécessaire de prendre , si l'on veut avoir égard aux différences de ces conformations.

Le troisième livre est spécialement consacré à expliquer toutes les diverses formes d'habillement que
la nécessité , l'usage ou la mode peuvent prescrire.
Cent quarante-six figures lithographiées, qui les représentent , permettent au client et au tailleur de
faire de suite le choix du vêtement qui convient le
mieux au goût ou aux besoins de la personne qui
doit le porter.

L'ouvrage est terminé par un Appendice dans lequel j'explique les diverses parties dont se compose
la Méthode publiée sous mon nom, et pour laquelle
un brevet d'invention m'a été accordé.

TRAITÉ

ENCYCLOPÉDIQUE

DE L'ART DU TAILLEUR.

———

LIVRE PREMIER.

DE L'HABILLEMENT.

L'habillement se lie si intimement à l'existence de l'homme qu'il serait superflu d'en rechercher l'origine pour en démontrer l'utilité : ce serait vouloir prouver l'évidence de la lumière. Aussi nous n'interrogerons point l'histoire pour en recueillir des faits qui nous découvrent l'origine de l'habillement. A tous les âges, à toutes les époques, dans tous les instants de la vie, la nature nous en fait sentir la nécessité. La civilisation l'a rendu un objet de luxe, en même temps qu'une source de plaisirs et de richesses.

L'habillement peut être considéré comme un fait social qui mérite d'être examiné dans ses rapports avec les mœurs, les arts et l'industrie. Il exerce une influence si puissante et si directe sur le bien-être des hommes, que ses effets doivent souvent être regardés comme un progrès de civilisation.

Dans l'organisation de la société, il aide encore à l'action des lois ; il sert à conserver la distinction nécessaire des rangs, des classes, des hautes positions ; il est un indice certain de prospérité ou d'aisance. Et si l'on observe et l'on suit les variations qu'il a subies à diverses époques de l'histoire, l'on reconnaît qu'il est aussi, pour un état, un signe de grandeur ou de décadence.

Dans les arts, il appelle les méditations de l'artiste qui tient à reproduire par le ciseau ou le burin, sur la toile ou sur la scène, toute la fidélité historique du sujet que son génie veut féconder.

Dans l'industrie, il sert de but aux travaux nombreux, aux essais d'amélioration entrepris dans divers genres de fabrication, dont les produits sont destinés à diminuer les besoins ou les souffrances du pauvre, à varier et à multiplier les jouissances de l'homme aisé.

CHAPITRE PREMIER.

DE L'HABILLEMENT CONSIDÉRÉ DANS SES RAPPORTS AVEC LA CIVILISATION.

Aux yeux de quelques hommes à l'esprit léger, à la pensée frivole, vouloir démontrer les rapports qui existent entre l'habillement et la civilisation, c'est peut-être hasarder une idée aussi puérile qu'ambitieuse. À ces hommes si prompts à critiquer, il suffirait de nier l'existence ou la possibilité de ses apports.

Pour nous, qui n'avons pas l'habitude du paradoxe, et qui, toujours, avons eu à cœur de baser sur des faits positifs les raisonnements qui nous ont conduit dans l'étude de notre profession, nous pensons que peu de mots seulement seront nécessaires pour démontrer la proposition que nous avons avancée.

Dans cette recherche, une seule pensée nous dirige, nous soutient, nous anime : nous voulons établir que, eu égard à ses moyens d'exécution, et sur-tout à ses résultats, la profession du tailleur doit être classée au rang des arts utiles, au bien-être de la société.

Pour justifier cette prétention, il nous faut seulement étudier ici l'utilité de l'habillement et les modifications qu'il aide à découvrir dans la marche progressive de l'ordre social.

Mais, comme dans toute discussion, dans tout examen de bonne foi, il est important de bien s'entendre sur la valeur des mots, pour savoir si la chose est sagement comprise, disons dès à présent ce que nous entendons par ce mot *Civilisation*. Il ne sera sans doute pas sans intérêt de connaître la définition que peut en donner un tailleur.

Selon nous, la civilisation n'est pas un but : elle est un mode de diriger, à l'avantage de la société, toutes les forces physiques et morales de l'homme [1]. Ce mode est un composé de tous les moyens possibles ; et dans le nombre de ces moyens, la profession du tailleur occupe une place relative, dont il faut aussi faire connaître et apprécier l'importance.

En remontant à cette époque que l'on regarde comme l'enfance des peuples, comme le berceau des sociétés, l'habillement n'était et ne pouvait être qu'une nécessité que la nature imposait à l'homme. Ouvrez tous les historiens, ils vous disent en effet que l'homme se couvrait de la peau des bêtes qu'il avait tuées, et qu'il s'abritait sous l'ombrage des arbres qu'il avait coupés.

Mais, par la suite des temps et par le changement que des mœurs moins agrestes, que des habitudes plus douces introduisirent dans la manière de vivre, sans perdre ce caractère de nécessité qu'il tient de la nature

---

[1] Nous nous arrêtons à ce peu de mots : vouloir expliquer notre définition par des développements, ce serait sortir de notre sphère ; et notre tâche d'écrivain doit se contenir dans les limites naturelles du sujet que nous avons entrepris de traiter.

même, l'habillement devint un objet de propreté, de distinction, et même de luxe.

C'est ainsi que, d'abord façonné grossièrement, il prend peu à peu une forme moins irrégulière, et par cela même moins gênante ou plus commode. On commence à le couper dans des proportions combinées, aussi bien que possible, avec la taille de l'homme et avec un genre particulier conforme au caractère de la nation. Ce n'est plus cette peau rude et humide encore qui couvrait les épaules du sauvage, chasseur ou pasteur : c'est un tissu de lin qu'une industrie naissante a d'abord préparé, et qu'une main, moins inhabile et cherchant chaque jour à se rendre plus exercée, a découpé d'une manière toute nouvelle. Là, déjà, se rencontre un signe caractéristique annonçant que le génie de l'homme a renversé les premiers obstacles d'une civilisation qui tend à développer sa puissance féconde.

Dans l'enchaînement des idées progressives de l'homme, il faut reconnaître que sa pensée ne s'est exercée d'abord que sur les besoins qu'il éprouvait, que sur les moyens d'en diminuer le nombre, d'en alléger le poids. Et, dussions-nous aujourd'hui heurter quelques savantes spéculations politiques, contrarier les théories de quelques publicistes profonds, nous ne craignons pas d'avancer, comme un fait démontré par l'histoire des premiers âges des peuples, qu'avant de penser à se donner des lois, l'homme a dû penser à se faire des habillements aussi commodes qu'il le pouvait alors. Il dut être tailleur, avant même que d'être législateur.

Mais, dans cette marche rapide de l'esprit humain qui embrasse à la fois tous les genres de progrès, il serait difficile de suivre l'ordre suivant lequel l'habillement est parvenu à cette puissance sociale dont il est aujourd'hui en possession. Les éléments nous manquent sur un tel sujet, et nous sommes obligé de nous arrêter au seul fait dont la démonstration soit possible en même temps qu'intéressante, et qui vient à l'appui de la proposition dont nous nous occupons.

L'habillement, avons-nous dit, est un indice de civilisation.

En effet, suivant le développement de l'organisation sociale, il devient moins grossier et moins mal façonné ; mais il est subordonné aussi aux mouvements de la société.

Là où il y a désordre et anarchie, où toutes les conditions sont confondues en une seule qui domine par la voix d'un peuple agité, le costume se ressent de cet état fébrile et convulsif. Ne demandez pas de l'élégance dans les formes, un choix bien varié dans l'emploi des couleurs, une qualité supérieure dans les étoffes que le tailleur pourrait confectionner : alors on ne s'habille que par nécessité ; et ce n'est pas lorsqu'une Nation est travaillée par des pensées de révolution, lorsque son industrie est arrêtée à sa source la plus abondante et la plus riche, la tranquillité et l'ordre public, qu'il faut penser à des costumes riches ou brillants. La terreur brise tous les ressorts de l'aisance générale : aussi le costume est-il le plus souvent négligé et même malpropre.

De cette agitation en est-il sorti un gouvernement démocratique qui ait proclamé le principe d'une égalité absolue, l'ordre commence alors à renaître ; alors aussi le costume subit l'influence de cette forme de société. Le peuple domine encore tout puissant. Il a proscrit toutes les distinctions : on les évite jusque dans l'habillement, qui se fait remarquer par sa simplicité et son uniformité.

Mais au contraire un autocrate puissant est-il parvenu à faire plier toutes les volontés sous sa volonté absolue, alors s'établit le règne des priviléges, des faveurs, des distinctions. La société se subdivise en plusieurs classes. Les conditions tendent à se détacher les unes des autres, et à se distinguer par la différence de leurs costumes. Alors l'étiquette asseoit son autorité, et demande à l'habillement de la seconder de sa puissance, pour maintenir cette différence des rangs établie par la volonté du souverain.

Sortez de cet empire où le despotisme du chef est la loi générale, et transportez-vous, par la pensée, au milieu de ce peuple qui jouit des bienfaits d'une constitution : un tableau différent, mais tout aussi caractéristique frappera vos regards. Ici l'aisance est générale, parce que l'industrie féconde tous les genres de travaux. La civilisation règne dans toute sa puissance. Aussi le costume n'a-t-il plus cette monotone uniformité, ou cette variété de formes et de distinctions que nous avons signalées. Dans toutes les classes, il est le même, parce que l'égalité existe partout dès lors qu'elle est écrite dans la loi. Les seules différences que l'on puisse remarquer, sont dans la qualité des étoffes, dans l'harmonie des couleurs, dans le bon goût et le soin avec lequel l'habillement est confectionné. C'est à l'aide de ces moyens que l'élégant, lancé au milieu d'un monde de plaisirs et de richesses, cherche à se distinguer de l'artisan laborieux qui portera un habit de même forme ou de même couleur que le sien.

Interrogez l'histoire, et les faits qu'elle vous découvrira viendront confirmer l'exactitude de nos aperçus.

Sans évoquer ici les souvenirs des Peuples de l'antiquité, arrêtons-nous seulement à quelques-uns de ceux qui sont le moins éloignés de notre époque.

Nous voyons en Russie, par exemple, une révolution terrible menacer la puissance naissante de Pierre le Grand, qui veut hâter l'accomplissement de ses projets de civilisation, en changeant le costume des Moscovites. L'une de ses entreprises les plus difficiles ne fut-elle pas d'accourcir les robes et de faire raser les barbes de son peuple? Ce fut là l'objet des plus grands murmures et d'une exaspération telle, qu'elle força l'autocrate à interrompre ses voyages et à retourner en toute hâte dans ses états. Il ne put venir à bout de son projet qu'en plaçant aux portes des villes des tailleurs et des barbiers. Les uns coupaient les robes de ceux qui entraient, les autres, les barbes. Les obstinés payaient une forte amende. Mais bientôt on aima mieux perdre sa barbe que son argent, et la réforme des mœurs commença par le réforme de l'habillement.

Sous Louis XIV, durant ce règne où l'étiquette

fut portée à son plus haut degré de puissance, n'était-ce pas encore par le costume que les distinctions sociales étaient le plus sûrement établies et reconnues? Princes, courtisans, prélats, gens de robe ou d'épée, ecclésiastiques ou magistrats, hommes de finance ou de roture, fondaient sur la forme ou la nature de leurs habillements le signe le plus caractéristique de la plus ou moins grande élévation de leur rang. Ce roi si absolu dans ses volontés, si rigide et si sévère observateur des formes qu'il avait établies à sa cour, avait encore, pour distinguer ses principaux courtisans, inventé des casaques bleues, brodées d'or et d'argent. La permission de les porter était prisée comme la plus haute faveur que l'on pût obtenir. On les demandait presque comme l'ordre du Saint-Esprit.

N'y a t-il pas dans ces deux faits une marque évidente de cette influence du costume sur les mœurs et les habitudes des hommes? Et parler des habitudes et des mœurs d'un peuple, n'est-ce pas aussi parler de sa civilisation?

Mais dans cette brûlante activité qui, de nos jours, semble dévorer, pour ainsi dire, les faits contemporains, pour les transformer en peu d'instants en pages d'histoire déjà ancienne, nous ne demanderons pas des preuves à des époques déjà ensevelies dans un long oubli. Notre siècle, si fécond en transitions brusques et pittoresques à la fois, nous présente des tableaux dont l'observation mérite la plus haute attention.

Lorsque la révolution de 1789 eut mis une barrière

2

entre le passé et l'avenir, la transition dans la manière de s'habiller fut aussi subite que les changements survenus dans l'état avaient été prompts et
rapides. Du pompeux habit de cour l'on tomba brus-
quement à la carmagnole républicaine, image grotes-
que et chargée de cette simplicité antique que l'on voulait alors introduire violemment. Son usage devint
général, car la peur se sauva souvent à l'aide de cet
habit inventé par un amour mal entendu de l'égalité. A
cette époque de déplorables désordres, le costume lui-
même, suivant l'exacte expression d'un de nos écrivains les plus spirituels, le costume lui-même s'était
fait populace.

A ces temps si orageux en succédèrent de moins vio-
lents. Le 9 thermidor, en causant la chute de Robespierre, produisit une réaction dans le costume, de
même que dans les opinions. Quelques habits furent
d'abord aperçus, et malgré les opposants, leur nombre augmenta rapidement. La carmagnole était encore
portée, mais seulement par ceux qui, en affichant le
républicanisme le plus prononcé, voulaient ainsi pro-
tester contre la modération du Directoire. C'est ainsi
que, par degrés, les nuances politiques se dessinèrent à
l'aide des différentes formes ou couleurs des habits.
Ainsi, le parti opposé aux Jacobins s'était donné des
coutumes, des mœurs à part. Tandis que ceux-ci
persistaient dans leur cynisme et leur malpropre
simplicité, les premiers, pour s'en faire distinguer,
avaient adopté de grandes cravattes, des collets noirs
ou verts suivant un usage des chouans. Il était de bon

ton, parmi cette jeunesse dorée, de porter un crêpe au bras, comme parent d'une victime du tribunal révolutionnaire ; de porter encore les cheveux noués en tresse et rattachés sur le derrière de la tête avec un peigne, suivant un usage emprunté aux militaires, qui disposaient ainsi leurs cheveux pour parer les coups de sabre. Cette dernière distinction laissait croire que l'on venait de l'armée, où l'on avait été chercher un abri contre la terreur révolutionnaire en défendant l'indépendance du pays.

Lorsque Bonaparte arriva au consulat, ces diverses nuances disparurent peu à peu. Une fusion presque totale des partis s'opéra bientôt, et la liberté républicaine, dont on avait si malheureusement abusé, fit place à un nouvel ordre de choses qui rassura tous les esprits, et permit à chacun de s'habiller suivant son goût.

Les costumes de la terreur et du Directoire firent place alors à l'habit bourgeois, protégé par le brillant uniforme qui se multipliait à la suite du jeune conquérant de l'Italie, devenu le premier magistrat d'une république à trois consuls.

Alors l'uniforme lui-même devint le symbole de l'autorité, c'est-à-dire, de la force ; car toute la force de l'État était dans cette puissance militaire qui avait frayé les voies au trône au plus grand favori de la fortune. L'uniforme français fut vénérable pour le peuple. On ambitionnait, comme une haute faveur, d'être admis à le porter, parce que l'on pouvait être compté au rang de ces braves qui s'étaient immortalisés par des conquêtes.

La restauration, en venant apporter d'utiles modifications à un régime tout guerrier, changea encore la mode du costume. L'habit bourgeois reprit son empire. La nation n'était plus démocratique, républicaine, guerrière. A la gloire allait succéder une puissance non moins grande et également bienfaisante. La paix venait ouvrir ses trésors. Ils se répandirent parmi le peuple qui consacra au commerce, à l'agriculture et à l'industrie, des forces naguères si redoutées des étrangers.

L'habit bourgeois, varié dans ses formes, dans ses couleurs, dans sa mode, devint le costume national. Il domina. Et, comme pour conserver un type de cette alliance heureuse que la charte venait de faire entre la puissance civile et la puissance militaire, réunie dans le seul but de soutenir les intérêts généraux de l'État, le chef de la nation adopta lui-même un costume, que la critique ne manqua pas de trouver ridicule et bizarre, mais dont les hommes de sens surent bientôt comprendre la pensée.

Louis XVIII, que ses infirmités obligeaient à se servir de guêtres de velours, avait adopté l'habit bleu bourgeois, qu'il portait avec des épaulettes en or, ayant l'épée au côté.

Par son costume, il voulait représenter ainsi, en lui-même, cette alliance de deux puissances si longtemps divisées, et qui se trouvaient enfin unies par la force des institutions dont jouissait la France. En effet, depuis lors, la prépondérance du pouvoir civil ou du pouvoir militaire ne fut plus exclusive; elle était rendue égale par la supériorité de la loi qui dominait sur tous. Tel était du moins et la pensée du souverain, et la conséquence qu'il était permis de faire dériver des lois politiques, appelées à régir la société. Nous n'avons pas à rechercher ici, si les événements de ce règne et de celui qui l'a suivi, ont toujours été en harmonie avec le principe constitutionnel : nous sortirions des bornes de notre sujet qu'il nous importe de ne pas perdre de vue.

De cet exposé rapide que nous venons de présenter, et que nous avons évité d'augmenter par une multitude d'exemples, dont l'autorité eût pu être regardée ici comme une érudition superflue, il résulte comme un fait constant, que le costume varie avec les mœurs, le caractère, le génie d'un peuple; d'où l'on est porté à conclure, avec raison, qu'il est une expression nécessaire de ce caractère ou de ces mœurs. Dès lors aussi il faut reconnaître qu'il y a une relation intime entre le costume et la civilisation.

Mais lequel des deux produit une action première sur l'autre, de la civilisation ou du costume? Ici est un problème dont la solution est aussi embarrassante que difficile. S'il faut chercher cette solution dans les premiers âges d'un peuple, au moment où, voulant sortir des ténèbres de l'ignorance pour entrer dans les voies normales de la société, il se développe graduellement à force de tentatives et d'essais de tout genre, nous n'hésitons pas à dire que l'art du tailleur participe, comme cause première, au progrès social; car dans ce moment toutes les facultés de l'homme étant en travail,

elles s'exercent sur toutes les parties possibles pour
accélérer une organisation régulière de la société, et
augmenter en même temps la somme de ses jouissances.
Alors aussi le costume appelle, l'un des premiers,
l'attention des innovateurs, parce qu'il touche aux
premiers besoins, aux nécessités les plus essentielles de
la vie. Et c'est ainsi que se justifie ce que nous avons
avancé plus haut, en disant que la profession du tailleur occupe une place relative dans le nombre des
moyens qui servent au développement de la civilisation.

Mais lorsque la société existe, animée par une
civilisation qui a, depuis des siècles, formé, modifié,
changé ses mœurs, ses habitudes, son caractère, il
devient plus difficile de déterminer l'influence que l'art
du tailleur a pu exercer sur ces changements. L'habillement s'est alors tellement infiltré, si nous pouvons
ainsi parler, dans toutes les habitudes sociales, que
nous n'en pouvons plus saisir qu'un seul fait, incontestable d'ailleurs, et qui démontre qu'il est une partie
distincte et caractéristique des mœurs de la société.

Ainsi, lorsqu'un auteur anglais veut nous faire le
portrait d'un élégant achevé du dix-septième siècle, il
nous le dépeint en ces termes :

« Ayez la barbe en T; un manteau de satin pourpre;
une chemise de dentelle travaillée, brodée, ouvragée
comme un voile de Malines; de vastes ailes aux épaules[1];

---

[1] Les gigots de notre époque.

une glace de Venise sur le feutre gris ; une ceinture de velours brodée de perles ; des bas fleur de pêcher ; des bottes de cuir d'Espagne, à franges d'or, retombant comme les bords évasés d'une coupe antique ; des gants bruns teints dans l'ambre gris ; des éperons dorés qui bruissent ; une rose de rubans dans l'oreille ; deux énormes rosaces de cinq livres sterlings chacune, sur le coude-pied ; une épée à pommeau d'argent ; une culotte à larges *slops* bleus, noirs et rouges, et un pourpoint tailladé, de couleur fauve ou bleuâtre, vous serez un homme accompli [1]. »

Chaque partie de ce costume a son histoire particulière, plus ou moins récente, et se rattache à des circonstances spéciales qui en ont déterminé l'adoption. Mais, à moins de tenir une sorte de registre des variations, même imperceptibles, de tous les mouvements de la société, il est presque impossible de trouver la cause réelle de ces circonstances ; et cependant, dans son ensemble, le costume n'en est pas moins inhérent aux habitudes sociales de l'époque. On ne saurait dire peut-être comment il est arrivé qu'il fût alors ainsi composé ; on ne saurait dire davantage s'il a été ainsi préparé par les mœurs du temps, ou seulement si elles en ont été le produit : mais on ne se trompera pas en pensant qu'il était sur-tout un moyen d'expression, une manifestation des habitudes généralement adoptées.

---

[1] Traduction de M. Th. Chasles.

Ce dernier caractère est le seul que l'on puisse désormais attribuer à l'habillement. Ne pensez plus à rechercher pourquoi il est composé de toutes les parties qui en font l'ensemble ; quelles causes premières ont décidé la préférence pour une forme ou un genre, plutôt que pour tels autres. Ne nous demandez pas si, en adoptant le costume de quelques nations étrangères, vous en acquerrez les mœurs et les habitudes. Ces questions aujourd'hui seraient sans utilité comme sans intérêt. Elles ont cessé d'être importantes dès l'instant que les hommes, assouplis à leurs vieilles habitudes sociales, ont perdu les premières traces qui les ont conduits à cet état de société dans lequel ils vivent depuis des siècles. L'impossibilité de résoudre ces questions avec quelque apparence de raison, est si fortement reconnue, qu'on les tranche par un seul mot (aussi difficile à définir lui-même que les choses dont il élude plutôt qu'il ne donne l'explication).... *la Mode*.

C'est ainsi que la *Mode* vient prêter une puissance nouvelle à la force caractéristique du costume. Elle l'embellit par ses ressources, le varie par sa mobilité, sans jamais lui faire perdre ce trait distinctif que nous avons signalé.

Cette royne et grande empérière du monde, comme disait Montaigne, exerce un empire absolu. Comme sa puissance agit avec une égale autorité sur toutes les choses de la vie, elle a excité la jalousie des critiques, et a inspiré à Voltaire ces vers d'ailleurs si purs et si faciles :

Il est une déesse inconstante, incommode,
Bizarre dans ses goûts, folle en ses ornements,
Qui paraît, fuit, revient, et naît dans tous les temps :
Protée était son père, et son nom c'est la *Mode*.

C'est donc aujourd'hui à la *Mode* qu'il faut demander raison de toutes les variétés que l'on remarque
dans le costume. Mais la *Mode* mérite-t-elle en réalité
tous les reproches qu'on lui adresse si gratuitement,
lorsqu'on nous la représente comme une ennemie cons-
tante et toujours victorieuse de la raison ; comme une
souveraine dont les ordres les plus gênants n'éprouvent
jamais d'opposition, et par cela même exerce une autorité d'autant plus despotique qu'elle triomphe de tous
les obstacles ; qui se rit des convenances, donne ses
caprices comme des oracles, et fait ployer la sévère
et froide raison sous la marotte de la Folie.

Si l'habillement devait être en effet le jouet le plus
facile de cette déesse inconstante et incommode, suivant Voltaire, certes l'étude du tailleur serait la plus
frivole et la plus inutile peut-être de toutes les études
que l'homme puisse entreprendre. Mais nous nous
croyons fondé à dire que la raison doit, à son tour,
faire ici justice des écarts qu'un préjugé vulgaire, ou
plutôt que des idées trop facilement acceptées et re-
çues, attribuent si facilement à la mode, dans tout ce
qui concerne la manière de s'habiller.

D'après tout ce qui précède, l'on ne refusera pas de
reconnaître avec nous, que le costume ou l'habillement, d'abord indispensable à l'homme, est ensuite
un indice de sa civilisation.

Lorsque le costume subit un changement notable , c'est qu'il y a modification, changement dans les mœurs ou les habitudes sociales.

S'il varie dans quelques détails accessoires, alors il subit seulement l'influence de la mode, parce que l'empire de cette capricieuse divinité est restreint à un cercle très étroit.

C'est une puissance plus grande que celle de la mode qui a fait varier la forme de nos habillements , depuis le justaucorps porté sous Louis XIV, jusqu'à la redingote à forme anglaise introduite en France par la restauration. La mode a aidé à ces variations comme puissance secondaire, mais jamais elle n'eût pu les opérer seule : il fallait des modifications dans les mœurs; il fallait des révolutions dans les lois, dans les formes de l'État.

C'était plus encore qu'un caprice de mode qui, vers 1787, introduisit en France les mœurs de l'Angleterre, dont on ne parut d'abord prendre que les épées d'acier, les chapeaux ronds , les selles rases, les wiskis fragiles, les fracs écourtés , les jockeys légers; car déjà et depuis long-temps avaient germé et fermentaient dans la pensée des hommes ces idées anglaises de constitution, d'indépendance, de réforme, qui plus tard furent développées avec tant d'éloquence à l'Assemblée constituante. Si l'égalité des costumes précéda, annonça et parut introduire l'égalité des conditions , c'est que celle-ci existait déjà dans les opinions et tendait à s'introduire dans les habitudes. La mode, en auxiliaire habile, ne faisait alors que

seconder et favoriser de son autorité ces développements du progrès social.

Les grands changements ne sont donc jamais produits que par la nécessité qui comprend aussi l'utilité.

La mode ne peut avoir pour objet que des changements de variété.

Parcourez toute la série des vêtements dont se
compose la garde-robe d'un homme aisé, et deman-
dez-vous s'il en est aucun qui n'ait à vos yeux que le
mérite stérile de la mode ; s'il en est aucun qui ne se
recommande à votre usage par sa convenance, sa
nécessité, ou son utilité.

Depuis le large manteau jusqu'à la modeste robe-
de-chambre, tous ont des titres plus solides que
ceux que peut donner la légère vanité des plaisirs de
la mode ; tous se justifient par des qualités positives,
et souvent même par l'attrait de quelques jouissances
qui leur sont exclusives. Ainsi, par exemple, de la
robe-de-chambre qui a inspiré cette pensée si gracieuse
et si vraie au spirituel auteur de Barnave :

« Mes amis, mes amis, bénissez la robe-de-chambre ! prenez garde que votre robe-de-chambre ne se
dérange trop ! Vêtement si doux et si commode ! si
facile à mettre, si facile à ôter ! si léger et si chaud !
La robe-de-chambre, c'est un brevet de bourgeoisie,
c'est un certificat d'honnête homme, c'est le plus
obscur et par conséquent le plus éclatant témoignage
du bonheur domestique ! »

L'habillement n'est donc pas du domaine exclusif de
la mode ; il n'en est pas l'esclave le plus complaisant,

puisqu'il possède des avantages supérieurs à tous ceux que la mode peut donner. Mais il faut reconnaître cependant qu'il subit son influence dans tout ce qui n'a pas un caractère d'utilité ou de nécessité.

C'est ainsi que la mode fait varier les couleurs, modifie la forme de quelques vêtements, les alonge ou les accourcit à son gré et suivant le besoin de distinction qu'elle veut introduire en dépit de l'égalité qu'un costume, uniforme dans son genre, maintient dans tous les rangs de la société.

Ces innocents caprices, loin de mériter la censure de ces esprits chagrins qui ne se complaisent que dans la contradiction, amènent deux résultats sociaux dont il ne faut pas méconnaître l'importance.

Ils entretiennent l'activité de l'industrie à laquelle ils demandent sans cesse de nouveaux produits, dont la consommation s'empare bientôt pour satisfaire à tous les goûts du jour. De là, aisance, et souvent même prospérité dans le commerce, ainsi que nous aurons bientôt occasion de l'établir.

Ils donnent aux hommes des moyens de se distinguer les uns les autres, moyens plus sûrs que ne le seraient jamais les priviléges arbitraires dus au seul hasard de la naissance.

En effet, la mode qui a pour objet de prescrire ce qu'il faut faire pour être bien, sera toujours suivie par les hommes de goût et de sens. Si Labruyère a dit : « Une chose folle et qui découvre bien notre petitesse, c'est l'assujettissement aux modes, quand on l'étend à ce qui concerne le goût, le vivre, la santé et la conscience , » il ne faut pas oublier qu'il a reconnu comme une vérité morale, importante dans la société , qu'il y a autant de faiblesse à fuir la mode qu'à l'affecter.

Dès lors , la mode est une ressource utile encore à l'homme qui , voulant profiter des avantages d'un esprit orné , d'un physique avantageux , d'une naissance élevée , cherche à s'aider , dans ses entreprises ou ses succès, de tout ce qui peut plaire dans le monde.

Sans s'assujettir à cette recherche outrée que de jeunes élégants affichent avec assurance , il saura choisir avec discernement ce qui lui peut le mieux convenir dans les modes du jour ; car la mode est, aussi bien que le costume en général, une expression de la société ; et à ce titre celui qui veut tirer parti de son siècle , ne doit en négliger aucune habitude , aucunes manières consacrées.

Un habillement malpropre , déchiré, fait présumer le vice ou la misère; deux titres presque égaux à la réprobation ou à la méfiance.

Une mise simple et soignée annonce la régularité et l'esprit d'ordre de celui qui la porte. Cet indice lui attire le plus souvent une marque d'estime.

Une mise élégante, approuvée par la mode et le bon goût, annonce les divers mérites de celui qui a su la choisir. Elle provoque en sa faveur un sentiment de considération chez ses égaux, de respect chez ses subordonnés, comme un témoignage de la supériorité qu'il a su acquérir sur tous. C'est qu'en effet, une toilette élégante, en tous points con-

forme aux règles de l'art et aux préceptes de la mode,
annonce que celui qui la porte joint au savoir de
l'homme instruit cette connaissance raisonnée, ce
tact des usages de la société qui distingue l'homme
éminent de l'industriel honnête, toujours circonscrit
dans les calculs de son comptoir.

En France, plus qu'en aucun autre lieu du monde,
on vit sur-tout par les sociétés et dans les sociétés, et
l'homme qui a su en acquérir tous les usages, qui en
possède les ressources et les secrets, ne négligera jamais sa toilette, parce qu'elle est un élément essentiel
des avantages qu'il peut ambitionner, et qu'il recueil-
lera peut-être un jour.

L'habillement, d'ailleurs, peut être considéré comme
une expression, pour ainsi dire, matérielle du caractère de l'homme. On préjuge toujours favorablement de celui qui sait bien s'habiller, parce qu'il fait
présumer, par-là, qu'il possède des idées d'ordre, de
régularité, et même d'élévation, qui se trouvent toujours unis à un esprit éclairé ou à un grand caractère.

Le talent du tailleur doit pouvoir répondre à ces
habitudes et à ces besoins de la société. Le tailleur
n'y réussira jamais, s'il n'a pas cherché à se pénétrer
de l'importance de son ministère. Mais si, au contraire, il a étudié toutes ses ressources, s'il a combiné
ses moyens avec l'application qu'il a pu être appelé à
en faire, s'il a raisonné sa profession, non en ouvrier,
mais en artiste, alors il a compris toute l'étendue de
sa mission, et ce n'est plus une industrie qu'il excerce,

mais un art qui doit finir par trouver de dignes appréciateurs.

Depuis long-temps Labruyère l'a dit : Un philosophe doit se laisser habiller par son tailleur.

Pensez-vous que cet observateur si profond du cœur humain aurait déposé dans son immortel ouvrage des *Caractères* une pensée pareille, si elle n'avait contenu le germe d'une vérité incontestable? En laissant au tailleur le soin d'habiller le philosophe, ne fait-il pas pressentir toutes les connaissances que le premier doit avoir pour mettre le second à l'abri des attaques du sarcasme et de l'ironie, si prompte à pourchasser les moindres ridicules jusque dans les faux plis d'un habit?

C'est donc en étudiant tous les avantages de sa profession, en donnant sur-tout des produits bien confectionnés, que le tailleur ajoutera une démonstration nouvelle à la discussion que nous venons de suivre pour établir les rapports qui unissent l'habillement et la civilisation d'un peuple.

CHAPITRE II.

DE L'HABILLEMENT CONSIDÉRÉ DANS SES RAPPORTS AVEC LES ARTS.

Il n'entre pas dans notre pensée d'essayer de concilier ce qui de sa nature serait inconciliable. Aussi, en nous proposant de traiter ici des rapports qui existent entre le costume et les arts, devons-nous bien préciser le sens de la question que nous avons à examiner.

Bien que le raisonnement établisse un enchaînement nécessaire dans l'ordre de toutes les connaissances humaines, cependant il faut reconnaître qu'il serait souvent difficile de saisir les relations intimes qui pourraient unir deux arts de moyens et de but différents, en admettant toutefois que cette relation dût exister. Ainsi la pensée ne saurait comprendre le rapport qu'il y aurait entre l'art du Mécanicien et l'art du Peintre, si elle considère que leur but et leurs moyens sont loin d'être semblables. Il en est de même de l'art du Tailleur examiné, eu égard à l'ensemble de tous les arts dont on peut s'occuper. Aussi, en disant que l'habillement a un rapport avec les arts, nous n'entendons parler que de ceux qui lui servent de secours ou auxquels il devient lui-même indispensablement nécessaire.

Dans le premier cas, l'on peut placer le dessin linéaire, comme facilitant la régularité de la coupe qui doit servir à la confection d'un habillement.

Dans le second cas, nous comprenons sur-tout la peinture et l'art scénique, comme ayant besoin du costume pour compléter l'effet que ces deux arts sont destinés à produire.

L'importance du costume devient aussi évidente et aussi positive que dans les considérations que nous avons présentées dans le chapitre premier. Il est intimement lié à **toutes** les diverses parties du sujet qu'il s'agit de traiter. S'il n'en est pas le point essentiel et principal, il est un accessoire indispensable, destiné à compléter la fidélité du fait à reproduire ou à représenter.

En effet, la peinture ou la scène tirent un puissant secours de l'exactitude historique du costume. Cette exactitude sert à accroître l'illusion; elle ajoute à la vérité du caractère, et sous ce point de vue encore on peut dire qu'elle est une preuve **nouvelle** qui vient à l'appui de nos précédentes considérations, tendant à démontrer que l'habillement a un rapport inmédiat avec la civilisation et les mœurs de l'époque à laquelle il appartient.

Des exemples, pourraient être produits en foule; nous les choisirons peu nombreux mais caractéristiques.

La peinture est obligée de s'assujettir à la fidélité du costume pour obtenir cette réalité du fait que l'artiste veut reproduire. Le premier mérite d'une grande composition, c'est d'être vraie en tous les points. Le

3

peintre peut faire un tableau dans lequel on admirera
la pureté du dessin, l'élégance des formes, la science
du coloris, la pose et les attitudes de ses personnages,
mais si aucun vêtement ne les couvre, il aura sans
doute le mérite d'un grand peintre, cependant sa
composition ne sera peut-être regardée que comme
une étude et non comme un tableau. Que s'il revêt les
formes de ses figures d'un habillement emprunté à l'é-
poque dont il a voulu reproduire un fait, alors la
pensée de l'observateur saisit bientôt la pensée du
peintre, et le mérite de la composition est apprécié en
raison de la vérité historique ; alors le jugement se
transporte de suite au siècle dont on veut parler, et
souvent le costume fait reconnaître le personnage mis
en scène.

Dépouillez Didon de ses riches ornements, enlevez
à Énée sa coiffure, sa tunique, ses armes, et vous
détruisez toute la poésie de ce beau tableau de Guérin
qui, en le traçant, s'inspirait au feu des vers de
Virgile. Alors, ce n'est plus un peintre, ce n'est plus
un poète qui a mis tant d'amour dans les yeux de
cette femme passionnée ; qui a mis tant de froideur
et de piété dans l'ame de ce héros ému seulement par
les malheurs de la patrie. Ce n'est plus qu'un dessina-
teur élégant, un artiste instruit des ressources de son
art, qui s'est borné à faire de belles études. On ne
saurait plus retrouver le génie de Virgile, dans une
esquisse dénuée de ces accessoires essentiels qui ajoutent tant à l'effet produit par les vers du poète.

Sans le costume, le peintre ne peut tirer aucun parti

de l'histoire, et son art alors est privé d'une de ses plus belles prérogatives, celle de transmettre à la postérité l'image fidèle de ces grands événements qui agissent sur les Nations. Nouvelle preuve qui démontre que le costume est un fait social qui se lie à toutes les circonstances de la vie des hommes.

Que David veuille transmettre aux générations futures le souvenir d'un des plus grands événements de la révolution Française, son pinceau retracera cette célèbre réunion du 20 juin 1789, dans laquelle les Représentants du peuple, assemblés dans un jeu de paume, jurent de doter leur pays d'une constitution.

Dans cette composition, que faut-il pour être vrai? Des portraits et des costumes fidèles. La scène est trop grave, et par elle-même trop solennelle, pour qu'elle ait besoin d'accessoires sans intérêts. L'imposante figure de Bailly domine celle de tous les députés qui se pressent autour de lui. Vous les reconnaissez tous, soit aux traits de leur visage, soit à leur habillement. Ici, dom Gerle et Grégoire qui, sous la robe ecclésiastique, portent un cœur dévoué aux intérêts du pays. Là, Mirabeau; là, Robespierre qui se montre sur les premiers plans, avec ce costume presque aristocratique, que la toute puissance de la carmagnole ne l'a pas empêché de porter jusqu'à la fin de ses jours. Tout, dans cette grande composition, concourt à augmenter la gravité du sujet. Et l'aspect de ces physionomies animées des sentiments les plus élevés, et cette uniformité d'habillements, simples dans leur ensem-

3*

ble, sans luxe ni recherche dans leurs détails. La puissance de ces hommes n'a pas besoin de la richesse
ou de la magnificence d'un costume d'apparat. C'est
le tiers état; c'est la nation.

Au lieu de s'assujettir à cette fidélité du costume de
l'époque, supposez que David eût donné à chacun de
ses personnages, un habillement contraire au fait historique, l'œuvre du génie était manquée : le serment
du jeu de Paume n'aurait pas même le mérite d'un
ouvrage ordinaire.

Reportez-vous maintenant à un événement plus
récent, et dont le même peintre veut, par son pinceau, éterniser le souvenir. Il vous représente le sacre
de l'Empereur Napoléon. Ici, il relève toute la solen-
nité de cette scène par un ensemble majestueux, par
une pompe somptueuse et brillante dans les détails.
La vérité des figures ou des portraits ne saurait seule
lui suffire. Il lui faut encore la vérité des costumes.
Car c'est par les costumes qu'il parvient à donner à
sa composition cette fidélité historique, qui est une
nécessité essentielle de son ouvrage. Alors on reconnaît aisément les personnages, on apprécie mieux leur
rang, leur position : on juge enfin cette scène imposante de la religion qui consacre la fortune du génie.

Si le peintre ne peut se dispenser d'emprunter au
costume des ressources aussi puissantes et aussi nécessaires, il faut convenir que l'habillement mérite
une attention plus sérieuse que celle qui, jusqu'à ce
jour, lui a été accordée. Dès lors, s'efforcer d'introduire d'utiles améliorations dans l'art d'habiller, c'est

contribuer à l'embellissement de la peinture , en même temps qu'aux agréments de la société.

La vérité de cette pensée se justifie sur-tout par l'examen du tableau du sacre de Napoléon. Un peintre le jugera avec les connaissances spéciales de son art , et il en admirera l'ensemble, le soin avec lequel les personnages sont disposés , les effets de lumière combinés de manière à faire ressortir les figures principales. Il le jugera, enfin , en artiste peintre. Mais un homme qui ne portera pas des investigations aussi savantes sur toutes les parties de ce sujet, sera cependant choqué du mauvais effet produit par quelques détails. Ainsi, il critiquera avec raison les tailles courtes des robes portées par les dames de la cour , et qui écrasent et coupent à contre sens toutes les grâces naturelles ; il sera péniblement affecté par la vue de ces uniformes lourds et pesants, qui décèlent l'état peu avancé de l'art du tailleur à cette époque. Il pensera que si un art mieux étudié, plus savamment entendu , avait présidé à la confection de tous ces costumes, le tableau du peintre aurait acquis un mérite de plus.

Loin de nous la pensée de rendre l'artiste responsable de ces défectuosités, il a dû, au contraire, se conformer au goût et aux habitudes de son époque. Il était peintre ; il a suivi la direction donnée par les tailleurs. Mais si l'art d'habiller avait été alors plus exactement approfondi , des défauts de cette nature ne dépareraient pas d'aussi belles compositions.

Sans nous arrêter davantage sur des ouvrages d'un aussi grand mérite , nous nous bornerons à observer qu'une collection due au pinceau d'un des artistes les plus spirituels de l'école moderne, vient à l'appui de ce que nous avançons ici. En parcourant le premier journal des Modes, qui fut publié il y a environ 3o ans par M. de la Mésangère, nous y voyons un grand nombre de figures tracées par Vernet. La beauté du dessin rappelle et garantit la fidélité des costumes les plus à la mode à cette époque. Mais plus ils sont fidèles, et plus on peut facilement se convaincre combien l'art du tailleur était alors peu avancé. Car, de nos jours, non-seulement ces costumes seraient répudiés avec dégoût et dédain, par les hommes de bon sens et de bonne compagnie, mais encore ne seraient pas même portés par l'artisan le plus insoucieux des formes de son habillement.

L'art dramatique, comme la peinture, est soumis aux mêmes nécessités, aux mêmes conditions.

Que Molière traduise sur la scène l'avarice de son Harpagon, il ne lui suffit pas de prendre la nature sur le fait dans les diverses positions où ce personnage dessine son caractère ; il le revêt d'un costume qui, en ajoutant à l'illusion, est à lui seul le signe extérieur le plus vrai de ce caractère. Avant qu'il ait prononcé un mot, Harpagon est jugé à sa coiffure petite, à son justeaucorps étroit, à son haut-de-chausses serré, à la couleur uniforme de ce vêtement sombre, qui n'a pas exigé une grande dépense de première acquisition, et dont l'entretien ne saurait être bien coûteux. Changez ce costume, et vous détruisez l'un des traits les plus saillants de ce type comique, une des plus belles créations du génie de Molière. Donnez à Harpagon le costume de son fils Cléanthe, l'illusion est détruite, l'effet est manqué. Le spectateur entend le langage d'un homme avare, il ne voit plus l'avare dans toute sa vérité.

Que Destouches veuille nous représenter, dans son Dissipateur, la contre-partie du caractère d'Harpagon, il place Cléon au sein d'une opulence que son costume annonce de prime-abord, et telle que ce costume fait dire à son oncle Géronte, disposé à le croire corrigé de ses dissipations :

Vous portez là pourtant un habit bien superbe.

Lorsque Beaumarchais veut nous peindre l'insouciante légèreté, la caustique et mordante philosophie de son Figaro, et qu'il place à côté de ce portrait si saillant et si animé, des caractères opposés qui en fassent ressortir la piquante originalité, il prend un tuteur vieux et jaloux, un confident hypocrite et intéressé, un grand seigneur brillant d'élégance et de richesse. Mais ses personnages seront incomplets, la pensée de l'auteur ne sera pas entière, si le costume ne vient aider à l'intelligence et au développement de l'intention comique qu'il s'est proposé de représenter. Dans quelques parties, peut-être, le costume sera de convention, il n'en sera pas moins vrai dès l'instant qu'il servira à faire connaître l'esprit de celui qui le porte.

Aussi, voyons-nous Figaro revêtu d'un habillement léger, gracieux, élégant, varié dans ses couleurs tranchantes. Les moindres nuances de son caractère semblent se reproduire sur la diversité des nuances de son costume.

Figaro est devenu un type que la postérité n'oubliera pas. Mais elle ne saurait consacrer la vérité de ce caractère, en le séparant du costume qui l'achève. Le costume de Figaro est entré aussi dans le domaine de l'histoire.

Bartholo n'est pas tout-à-fait comme Harpagon. C'est l'avarice tempérée par l'amour et par la jalousie : le costume de l'avare ne saurait lui convenir. L'habillement de Bartholo est plus varié, sans être d'une valeur beaucoup plus grande. Bartholo sent le besoin de plaire, parce qu'il aime. Il relève son habit noir, court et boutonné, par une fraise et des manchettes plissées. Si une ceinture noire lui serre la taille, un manteau écarlate vient rompre cette uniformité de couleur, qui ne saurait plaire à la vue.

Il serait très facile, en parcourant ainsi tous les chefs-d'œuvres de la scène, de trouver une foule d'exemples à l'appui de ce que nous avons avancé. Mais cette multitude d'autorités nous dispense de nous arrêter davantage sur ce point, car par elle-même elle est la preuve la plus positive de la justesse de nos observations. Nous nous bornerons seulement à ajouter ici, que l'habillement exerce au théâtre une influence telle, que les plus grands comédiens ont appelé toutes les ressources du costume au secours de l'illusion qu'ils voulaient produire. Rappelez-vous Talma,

déchiré par les fureurs d'Oreste, agité par la sombre
et soupçonneuse inquiétude de Sylla , ou concentrant
la parricide colère de Néron : dans ces divers rôles ,
les sentiments tragiques sont portés au plus haut degré, et cependant, quelle différence dans les caractères, quelle différence encore dans les costumes
étudiés et adoptés par le Roscius moderne. De là,
franchissez l'espace qui vous sépare de l'École des
Vieillards , et Danville , par la simplicité de son habillement français, vous montre la confiance, la bonté,
et tout à la fois la dignité de son caractère. Mars,
dans Célimène, parle bien autrement que Mars dans
Betzi ; avec quelle grâce, quelle noblesse, quelle pureté de sentiments et de diction, ne fait-elle pas
ressortir la flexibilité de son talent, sous chacun de
ces deux costumes ; mais convenez que le langage
de Mars, dans Betzi, eût été ridicule sous l'habillement de Célimène.

Il faut donc reconnaître que la scène ne peut se
passer de la fidélité du costume , parce que la fidélité
du costume tient aux mœurs à représenter sur le théâtre. Dès lors, l'habillement ou plutôt l'art d'habiller,
doit être considéré comme une partie de l'art théâtral.
Mais en parlant ainsi de l'art d'habiller , notre pensée
s'arrête moins sur les connaissances spéciales nécessaires au tailleur, que sur l'intelligence du costume.
Cette intelligence contribue à faire de la profession
du tailleur un art véritable, ainsi que nous l'expliquerons bientôt.

CHAPITRE III.

DE L'HABILLEMENT CONSIDÉRÉ DANS SES RAPPORTS AVEC L'INDUSTRIE.

Par la nature de ses travaux, l'art du tailleur est appelé à mettre en usage les produits de diverses branches de l'industrie manufacturière. Il est le but vers lequel tendent les efforts des hommes qui se vouent à l'amélioration des procédés industriels; et considéré en ce sens, il acquiert une importance d'une nature différente de celle que nous lui avons attribuée jusqu'ici. Nous devons maintenant l'examiner sous un point de vue nouveau, et qui doit faire sentir la nécessité d'apporter, dans l'exercice de la profession du tailleur, une attention qui soit en raison des rapports que nous avons à signaler ici maintenant.

Par voie de conséquence, l'habillement se rattache à la fois, à l'agriculture, au commerce et à l'industrie. Il est le dernier résultat vers lequel tendent les choses exécutées ou entreprises dans ces trois grandes divisions des travaux de l'homme.

L'habillement se rattache à l'Agriculture, par la culture du lin et du chanvre, qui produisent le fil et par suite la toile; par la prospérité des troupeaux qui donnent la laine nécessaire à la fabrication des draps; par la culture du mûrier et des vers à soie, auxquels on doit ces tissus soyeux d'une si grande ressource dans l'art de l'habillement.

Au Commerce, par les échanges des Nations entre elles, entrepris à l'effet de procurer les unes aux autres, les laines et cotons ou autres matières premières, telles encore que celles nécessaires à la teinture des étoffes , ou par les échanges intérieurs des produits indigènes entre les commerçants et les manufacturiers nationaux.

Enfin, à l'Industrie, par la fabrication des étoffes de toiles, de draps de coton ou de soie , qui peuvent entrer dans les diverses parties de l'habillement.

Considérez l'Industrie nationale sous ces trois grands points de vue, et vous serez frappé de l'activité qui règne dans toutes les parties de la France. Il n'est pas un de ses départements qui n'apporte son tribut à l'art du tailleur. Rappelez-vous une de ces riches expositions faites au Louvre, et en parcourant ces immenses salles décorées des trésors de l'industrie, de-mandez-vous à quel usage la plupart de ces produits ont été destinés par les fabricants ? [1]

Les uns présentent des échantillons de laine peignée à la *Mull Jenny*, procédé importé de l'Angleterre , et qui assure à la filature de ce produit des avantages auxquels les produits étrangers ne sauraient désormais atteindre.

D'autres se font remarquer par la qualité supérieure de leurs draps, sortis des manufactures d'Elbeuf, de Louviers ou de Sedan , ou par les flanelles, les casimirs,

---

[1] Ce chapitre était écrit et composé long-temps avant la dernière exposition de l'Industrie qui a eu lieu le 1er mai 1834.

les étoffes à gilets fabriqués à Reims, et dans d'autres villes.

Ici, des cotons, là, des toiles peintes, et partout des produits d'une perfection garantie par les procédés et les machines que le génie de l'homme a su inventer.

Si l'industrie s'efforce ainsi de simplifier ses procédés, de mieux travailler ses matériaux, de créer des produits plus variés, d'un usage plus avantageux ou plus durable, c'est pour que le tailleur en puisse tirer un parti plus productif par les ressources et les débouchés de sa profession. Un produit industriel, quelles que soient la qualité ou la perfection de son tissu, la beauté ou l'éclat de ses couleurs, perd sa valeur la plus essentielle dès l'instant que celui qui est appelé à le mettre en œuvre comme matière première, ne sait pas lui donner une coupe, une précision, des formes qui soient en harmonie avec les avantages primitifs de ce produit. De là, nécessité forcée pour le tailleur de suivre la marche progressive de l'industrie.

En vain le chimiste découvrirait-il une combinaison qui assure aux couleurs une finesse, un éclat, une durée que le temps ne saurait détruire, si le peintre ne sait pas faire un usage habile d'une découverte aussi précieuse pour son art.

De même, c'est en vain que les manufacturiers s'efforceraient d'introduire des perfectionnements dans leurs fabrications, de simplifier le système de leurs mécaniques, d'en accélérer la faculté de production à l'aide de la vapeur, et de créer ainsi des produits supérieurs à ceux qui déjà sont connus, ou de les livrer à des prix moins élevés ou plus modérés, si le tailleur ne sait lui-même en faire un usage habile qui en conserve la valeur et l'augmente même par le mérite d'une exécution conforme aux règles de l'art ou du bon goût.

L'on ne saura donc contester qu'il y a une relation nécessaire entre l'industrie et l'habillement, puisque le travail de l'une a pour but de faciliter la confection de l'autre, et que dès lors ce dernier, afin d'atteindre à son but, doit être employé avec assez d'art pour ne pas déprécier la valeur du produit mis en œuvre.

Par la variété des formes d'habillement, par les changements que la mode introduit chaque jour, l'industrie trouve encore des débouchés plus prompts, ou invente plus facilement des étoffes nouvelles appropriées aux nécessités des saisons. C'est ainsi qu'entre les travaux du fabricant et ceux du tailleur, il y a une action réciproque qui agit sur les uns et sur les autres pour l'avantage de tous, et qui contribue de cette manière à la prospérité générale

CHAPITRE IV.

DE L'HABILLEMENT CONSIDÉRÉ DANS SES RAPPORS AVEC LA MODE.

Ce serait peu de chose, jusqu'à présent, que d'a-voir considéré l'habillement dans les divers rapports que nous venons d'examiner, si nous négligions de traiter la partie la plus essentielle de notre sujet, qui intéresse, à un égal degré, et l'homme du monde et le tailleur chargé de l'habiller. Nous voulons parler de la *Mode*. Les rapports qui existent entre celle-ci et l'habillement, sont d'une évidence aussi positive que ceux que nous venons de signaler dans les chapitres précédents ; mais il devient plus difficile de les carac-tériser, en raison de l'incertitude que présente une exacte définition de la *Mode*.

Considérée dans un sens général, ou peut dire, avec une femme célèbre[1], que la mode semble avoir pour but de mettre chacun à l'abri de la moquerie, en don-nant à tous une manière d'être semblable. C'est ainsi que l'auteur des Considérations sur les Mœurs, paraît encore la définir, en disant : que le ridicule, qui res-semble quelquefois à des fantômes qui n'existent que

[1] Madame de Staël, *de l'Allemagne*, seconde partie, Ch. xxvj.

pour ceux qui y croient, consiste sur-tout à choquer
la mode ou l'opinion [1]. La mode serait donc ce qui est
du plus grand usage à l'égard des choses qui dépendent du goût ou du caprice des hommes.

Mais serait-il vrai que ce caprice ou ce goût fussent
toujours sans règle ni raison, et que la mode ne pût
être qu'une divinité frivole, empruntant les hochets
de la Folie pour conduire les hommes au gré de ses
plus bizarres boutades? Au dire de quelques-uns de
ces écrivains faciles, dont la plume, aussi légère que
la pensée, effleure, dans sa course rapide, les questions les plus délicates, en n'y laissant que l'empreinte
superficielle d'une critique dont l'unique but et de
faire croire à l'esprit de celui qui la présente; au dire
de ces écrivains, la mode ne marche jamais qu'en sens
inverse de la raison dont elle est l'ennemie la plus
éternelle; c'est une divinité aveugle qui ne vit que
d'imitations, et à laquelle il serait aussi inutile de demander de l'à propos que du bon sens.

Sans prétendre au talent de ces hommes si absolus
d'ailleurs dans leurs opinions, nous ne craignons pas
de nous élever contre de telles erreurs, qui sont plutôt
une accusation d'inconséquence portée contre l'esprit
de notre siècle, si fécond cependant en améliorations
et en découvertes utiles.

Pour nous, nous n'hésitons pas à dire que la mode
est une puissance, et une puissance dont toute la force

---

[1] Duclos, Ch. ix, *Sur le Ridicule*.

repose sur la nature, la nécessité et la raison. Elle est comme un flambeau qui, éclairant, dans toutes ses parties, le vaste tableau de la société, en fait ressortir la variété des nuances, la mobilité des images, le contraste des positions. Elle sert, pour ainsi dire, de relief aux usages et aux manières du monde : elle est le coloris de l'existence.

Par cela même que son empire est universel, il n'en est que plus incontestable et que plus nécessaire ; sans quoi, il faut le dire, la société présenterait le phénomène le plus étrange, lorsque, d'un côté, on la voit favoriser tous les perfectionnements de la civilisation, et que, de l'autre, elle demeurerait enchaînée par le hasard, aux écarts capricieux, aux inconséquentes folies d'une divinité incompréhensible nommée la *Mode*.

Regardez le spectacle de la nature, partout la variété la plus grande vient frapper vos regards. Dans le monde physique, la solitaire uniformité d'un désert n'est qu'une exception échappée au souverain Créateur. Mais parcourez les vallées fertiles, les ombreuses forêts, les sommets pittoresques des montagnes, et vos yeux seront surpris de l'étonnante variété dont s'embellit la nature. Suivez l'ordre des saisons, la végétation des fleurs, des arbrisseaux, des arbustes, la production des fruits, etc., et à chaque période nouvelle, le botaniste vous découvrira, pour ainsi dire, une nouvelle mode qui vient attester la puissance de ce changement dont la nature sait marquer toutes ses créations.

L'homme serait-il donc affranchi de cette règle

générale qui soumet tous les êtres organisés à la loi du changement? Loin de là, au contraire, celui pour qui toutes les choses paraissent avoir été créées, porte en lui-même des facultés puissantes qui attestent sa supériorité. L'intelligence et l'imagination ont été données à l'homme pour l'élever au premier rang des créatures humaines; et c'est en se servant de ces facultés qu'il sent la nécessité de varier, même à l'infini, les diverses formes de son existence. M. de Ségur l'a dit avec raison : « le mouvemement, c'est la vie; la tranquillité du sommeil est l'image de la mort.¹ » C'est donc par tous les genres possibles du mouvement, que l'homme peut rompre l'uniformité d'une vie qui serait un fardeau plutôt qu'un bien, si l'imagination ou l'intelligence ne venaient l'embellir de toutes leurs ressources.

C'est par son langage, ses manières, son maintien, son habillement, qu'il sait éviter cette monotonie qui a fait dire au poète La Mothe, que :

L'Ennui naquit un jour de l'Uniformité.

Là où la vie est simple, où les relations sont rares ou peu fréquentes, le tableau de la société ne présente rien d'animé. L'existence des hommes est circonscrite dans un cercle restreint, que la nécessité seule fait mouvoir. Mais chez un grand peuple, dans un pays où la civilisation a multiplié les rapports, a développé et adouci les mœurs, les a dirigées vers la politesse et

¹ *Galerie morale et politique*, t. 1, p. 249.

l'urbanité, où la connaissance des hommes s'acquiert par un fréquent usage de la société, il doit nécessairement régner une forme particulière d'habitudes, de manières, de langage qui, approuvée par le choix du plus grand nombre, donne naissance à ce que l'on est convenu d'appeler la *Mode* : car la mode, alors, peut encore être définie une manière propre d'exister, d'agir ou de parler pour être bien, suivant le goût de la bonne société. C'est elle qui fait ressortir les mérites de la naissance ou de l'éducation, de la richesse ou du talent, et comme le costume de l'homme est, ainsi que nous l'avons précédemment démontré, une sorte d'expression de ses habitudes et de son caractère, elle doit agir sur l'habillement avec autant de force que sur toutes les autres parties soumises à l'influence des progrès de la société.

La mode dans les habillements ne doit donc pas être regardée comme une folie, mais bien plutôt comme une conséquence de la nature de l'homme, qui tend à perpétuer et à varier dans le monde quelques-unes de ces distinctions qui sont le produit de la civilisation.

Il ne nous serait pas difficile de développer ici d'autres considérations intéressantes sur la mode examinée dans ses rapports avec tous les objets qui doivent subir sa puissance, de démontrer qu'elle contribue aussi, sur-tout à Paris, à la prospérité de l'industrie, à l'urbanité des mœurs, au bon ton des manières, de même qu'à l'éclat d'une nation, et qu'elle doit être regardée comme une nécessité sociale; mais nous n'avons à traiter de cette grande question qu'un seul côté, sur lequel nous allons résumer nos pensées.

Il est ici une observation essentielle à présenter, et qui permet d'apprécier la juste influence de la mode sur l'habillement.

En général, la mode ne crée pas le costume, elle ne peut qu'en faire varier le genre ou l'espèce par ses innovations. Ainsi, avant que la mode fût sortie des progrès de la civilisation, le costume existait comme nécessité naturelle. A ce titre, les hommes en varièrent d'abord les formes en raison de leurs besoins ou de l'usage auquel ils voulurent l'employer. C'est ainsi, par exemple, que le grand manteau ou la robe-de-chambre, que l'ample redingote ou l'habit dégagé par devant, durent leur existence plutôt à une nécessité reconnue, qu'à un goût ou à une fantaisie de la mode. Les pantalons et les culottes courtes ne sont, de même, que des modifications de la première forme de ce vêtement qui fut adopté dans le principe pour cette partie du costume. Il faut donc reconnaître comme une vérité positive, que le costume, en tant qu'habillement nécessaire, est entièrement indépendant de la mode.

La mode agit sur les genres, elle crée les espèces. C'est sur les espèces du vêtement qu'elle exerce son plus puissant empire.

Ainsi que nous avons cherché à le démontrer dans notre premier chapitre, lorsqu'un grand changement s'opère dans le costume d'un peuple, il a moins pour cause l'influence immédiate de la mode que toute autre circonstance qui tient à des raisons plus élevées. La

4*.

mode n'agit alors que comme autorité secondaire. Ainsi, par exemple, la transition qui eut lieu entre le costume du temps de Louis XIV ou de Louis XV, et celui de notre siècle, est due sur-tout aux influences qui ont préparé la révolution de 1789. Mais si un vêtement dont la nécessité est reconnue, varie dans sa forme, dans son ampleur, dans quelques-uns de ses détails, alors vous reconnaîtrez l'action de la mode, et vous direz avec nous qu'elle modifie les genres et qu'elle est la mère des espèces.

Le manteau est un genre de vêtement dont la mode a multiplié les espèces, en inventant le manteau à pèlerine, le manteau à grand collet et à manche, le carrick, le petit manteau. Ces diverses espèces qui sont le produit de la mode, sont une modification de leur type primitif, qui constitue ce genre spécial de vêtement connu sous le nom de manteau.

La redingote, qui peut être regardée comme un vêtement européen, et qui se rapproche encore le plus dans son ensemble de la partie essentielle du costume qui était porté il y a deux ou trois siècles, est un genre que la mode a également fait varier depuis la grande redingote à longue jupe, à double revers, jusqu'à la légère redingote garnie d'un seul rang de boutons.

Les gilets sont-ils une invention de la mode? Question peu importante à examiner en ce moment, mais qui ne saurait atténuer la vérité de nos observations; si nous disons que la mode seule élève ou anéantit la faveur que peuvent mériter les gilets dans leurs diverses espèces, comprenant les gilets fermés, ouverts , à colets droits ou rabattus , à grand ou à petit schall , etc.

Il en est de même des habits ou des pantalons : soit que l'on porte un habit fait pour rester ouvert ou pour être entièrement boutonné , ou un pantalon à larges plis et ouvert sur le devant , ou fermé par de grands ou de petits ponts.

C'est ainsi qu'il faut reconnaître que la mode modifie les genres et crée les espèces. C'est de leur utilité, de leur plus ou moins de commodité que dépend le succès de la mode : souvent elle produit des espèces bizarres, exagérées ; mais celles-ci ont le sort d'un enfant qui ne naît que pour vivre un jour : elles disparaissent bientôt pour faire place à d'autres tentatives qui sont plus heureuses, si l'usage leur reconnaît ce caractère d'agrément ou d'utilité qui assure la plus grande puissance à la mode.

En général , des modes exagérées ont peu de succès. Le bon sens national se refuse à tout ce qui sort des justes proportions du goût ; il redoute le ridicule, qui, ainsi que nous l'avons fait remarquer plus haut, consiste à choquer l'opinion.

Nous devons cependant faire observer ici que ce qui paraîtrait exagéré dans la société, pourrait néanmoins être accueilli comme d'un bon effet sur le théâtre. Là où l'illusion doit profiter de toutes les ressources qu'elle peut employer, il ne faut pas craindre d'outrepasser les justes proportions d'une mode reçue avec faveur à la ville. L'effet de la scène, l'éclat des lumières, l'appareil d'un spectacle qui doit plaire aux yeux en même temps qu'à l'esprit, commande dans l'habillement un soin particulier et tout autre que celui qui règlerait la toilette de l'élégant appelé aux plaisirs d'une soirée brillante. La mise de la scène diffère souvent beaucoup de celle du monde, sinon dans son ensemble, du moins par quelques détails qui acquièrent de l'importance, là où toutes choses doivent en avoir dès lors qu'il faut produire de l'effet. L'emploi des couleurs est sur-tout un point essentiel, et telle nuance ne saurait plaire dans un salon, qui serait d'un très bon goût sur la scène; de même que telle autre bien accueillie à la ville ou à la promenade, serait effacée au théâtre par la vivacité des lumières, à tel point qu'on la croirait ternie et passée. Nous soumettons cette remarque à ceux de nos lecteurs qui pourront y trouver quelque intérêt.

La mode convient aux hommes, suivant la nature de leur position sociale, de leur conformation, de leur âge, etc., ainsi que nous l'expliquerons ci-après, livre deuxième, chapitre II. Mais quelle que soit celle que le goût du jour fera prédominer, l'homme raisonnable saura s'y conformer, comme à une règle de convenance qui lui est imposée par la société, parce que, malgré l'égalité d'un costume uniforme dans son ensemble, il existera toujours des distinctions produites par l'usage du monde, par une éducation soignée, par le soin de se bien habiller, enfin par cet ensemble qui prouve le respect de soi-même, sans affecter aucun mépris de personne, et qui contribue à former l'homme de bonne compagnie, dans la juste acception que l'on peut donner à ce mot.

Les jeunes gens, sur-tout, qui sont doués de ces formes élégantes que la nature réserve spécialement à leur âge, ceux qu'une grande naissance, une fortune brillante, une haute position, recommandent à l'attention générale, doivent, plus que qui que ce soit, obéir aux lois de la mode. Ils servent de modèles à une foule d'imitateurs empressés à admirer leur élégance ; ils contribuent à répandre le bon goût et la politesse des manières ; et de ces avantages ; peut ressortir pour eux la cause qui doit déterminer leurs succès les plus brillants.

Si le tailleur se trouve ici placé dans une position plus modeste, il a cependant le mérite le plus vrai et le plus essentiel ; sans son talent, la mode n'est rien, ou plutôt elle devient dangereuse ; si, au contraire, il a la conscience de son art, il est le maître de la mode, et contribue à embellir la société tout entière. Son génie dicte des lois d'autant plus aveuglément observées, que loin de léser aucun intérêt, elles plaisent à toutes les ambitions et flattent tous les amours-propres. Au spectacle, à la cour, dans les salons, à la promenade, il voit la foule empressée à lui demander de nouveaux moyens de plaire, et la puissance de son art acquiert alors d'autant plus d'importance, qu'il soumet toutes les volontés aux audacieuses entreprises de son génie, et aux gracieuses innovations de son goût.

Plus heureux que tous ces grands réformateurs dont l'histoire a consacré les entreprises hardies, il sait que les changements qu'il a médités et qu'il exécute, loin de nuire, ne peuvent qu'être utiles à la société, et il

puise dans cette pensée une confiance nouvelle pour
le succès de ses travaux et la prospérité de son nom.

C'est donc aux tailleurs qu'il importe le plus essen-
tiellement de se perfectionner dans la connaissance de
leur art, pour assurer à la mode cette puissance qui fait
leur plus beau mérite, et qu'ils doivent tenir à cœur
de ne pas affaiblir par l'imperfection de leurs produits ;
c'est à eux enfin qu'il importe de démontrer la vérité
de cet aphorisme avoué par la mode et la raison, que :

> Le vulgaire s'habille ;
>
> L'homme du monde sait s'habiller ;
>
> Le fat est l'esclave de la mode ;
>
> Le sage se laisse habiller par son tailleur.

Nota. Nous n'avons pu, dans ce chapitre, que résumer
nos idées sur la mode. Dans les deux livres qui suivent nous
en parlerons fréquemment, mais en la considérant en raison
des diverses parties de l'habillement dont nous nous occupe-
rons alors. Nous y renvoyons ceux de nos lecteurs qui dési-
reraient trouver des notions spéciales que nous ne pouvons
placer dans un chapitre consacré seulement à des considérations générales.

LIVRE DEUXIÈME.

DES CONFORMATIONS, DES MESURES, DE LA COUPE, DE LA CONFECTION.

CHAPITRE PREMIER.

DES CONFORMATIONS.

L'étude des conformations appelle la première l'attention du tailleur qui veut bien exercer son art. Par cette étude, il se rend compte de toutes les difficultés et parvient à découvrir les moyens de les vaincre.

Nous avons défini la conformation du corps de l'homme, l'ensemble produit par les diverses proportions de ses organes extérieurs.

Cette définition qui, eu égard au sujet que nous traitons, nous semble avoir un mérite d'exactitude et de vérité, doit être considérée dans son rapport avec les proportions qui régnent entre la circonférence et les diamètres du haut et du bas du buste de l'homme, la longueur de ce buste, le développement plus ou moins grand de la poitrine, l'égalité ou la convexité du dos, les diverses hauteurs des épaules, la forme de l'ensemble du dos, qui varie suivant la concavité du bas de cette partie de l'homme.

De la disposition de ces différentes parties résulte ce que l'on peut appeler la physionomie du corps de l'homme, autrement dit *la conformation*. Il serait facile d'en étendre encore l'application aux parties inférieures, en parlant par exemple de la proéminence plus ou moins prononcée de l'abdomen, de la longueur ou de la largeur de l'enfourchure, de la grosseur des cuisses, etc.; mais un tel développement, non-seulement serait sans utilité réelle, parce que l'on peut prendre, de ces parties, des mesures très exactes, mais encore nous éloignerait du point essentiel à étudier et à bien connaître. ﹒

En effet, nous restreignons l'étude nécessaire des conformations à la seule partie du buste de l'homme, parce que là est le siége véritable de toutes les difficultés, là se trouve le mérite de l'artiste qui a su tailler un vêtement, en tous points conforme aux exigences de son modèle.

Dans la confection des habits, des redingotes ou des gilets, il faut avoir soin de bien prendre les mesures relatives au corsage. Quelle que soit ensuite la forme plus ou moins développée qu'il s'agisse de donner au vêtement, celui-ci sera toujours bien fait, si le corsage est bien taillé, parce qu'un corsage bien taillé est toujours propre à recevoir toutes les variations de la mode.

Mais pour arriver à un résultat si important et si

﹒ En traitant des mesures de toutes les parties du corps. Nous avons donné le moyen de vaincre avec une extrême facilité toutes celles qui se trouvent énumérées dans ce paragraphe.

précieux, il ne suffit pas de prendre des mesures rigoureusement fidèles, il faut encore savoir étudier son
modèle, autrement dit, savoir se rendre compte de la
conformation de celui-ci.

Quelques développements feront aisément comprendre notre pensée.

Il faut d'abord reconnaître, en thèse générale, que
la forme des différentes parties du corps donne à chaque
individu une physionomie particulière, tout-à-fait
indépendante de celle qui résulte de la différence des
traits de la figure. La différence d'aspect dans les conformations, est telle que l'on reconnaît un homme aussi
bien à sa démarche que par son visage. La conformation des personnes influe beaucoup sur leur démarche ;
car un homme dont le buste est très long : relativement
à sa taille, n'a jamais la même tournure que celui qui a
les jambes et les cuisses très longues, et par contraire
le buste très court. La longueur des bras influe beaucoup aussi sur la grâce du corps : des bras très longs
sont disgracieux plus encore que s'ils étaient trop courts.
Il est encore à remarquer que les personnes qui ont le
cou très haut, ont généralement les épaules basses ou
tombantes ; cependant cette remarque rencontre quelquefois des exceptions, et l'on trouve encore des hommes
qui, avec des épaules hautes, ont le cou élevé.

Il est très rare que des épaules hautes ne soient pas
suivies de hanches basses, et des épaules basses de
hanches élevées, du moins en apparence, car la hauteur des hanches ne ressort à la vue, avec des épaules
basses, que parce que l'articulation de l'épaule se trouve

plus éloignée du cou et conséquemment plus voisine de la hanche.

Les différents degrés de hauteur d'épaules se retrouvent dans les diverses attitudes du corps, que l'on peut faire varier jusqu'à quinze, de l'homme le plus droit jusqu'à l'homme le plus courbé.

L'attitude la plus droite est presque toujours suivie d'un dos creux, d'une poitrine forte et développée.

La conformation opposée, qui est celle de l'homme le plus courbé, présente ordinairement un dos plein et voûté, la poitrine creuse et les épaules jetées en avant. L'on remarque cependant encore des hommes très droits, et dont le dos et la poitrine sont également bombés : à cette sorte de conformation, les physiologistes attribuent tous les caractères de la santé.

Avec chacune de ces diverses conformations, l'on peut être ou très mince ou très gros du bas de la taille, avoir le ventre saillant ou n'en pas avoir du tout; et dans l'un et l'autre cas, la taille peut être très cambrée et les reins très pleins.

L'existence de ces divers contrastes fait naître le besoin de les corriger, en rapprochant leur nature le plus possible des formes d'Apollon, alors même qu'elle en serait le plus éloignée. Pour y parvenir, il suffit de prendre mesure avec le soin le plus attentif et d'avoir égard aux observations que nous présentons dans le chapitre deuxième en traitant des mesures.

Il est certaines conformations qui sont particulières à l'âge ou à l'état de santé. Ainsi, un dos voûté

et courbé au plus haut degré se remarque le plus
souvent dans un homme d'une extrême vieillesse
ou d'une vieillesse prématurée. Mais la plus grande
diversité des conformations se retrouve dans toutes
les tailles ; c'est aussi ce qui, jusqu'à ce jour, a donné
lieu aux plus grandes difficultés d'habiller.

L'inégalité des épaules est très fréquente : l'épaule
droite est presque toujours plus forte que l'épaule
gauche ; mais souvent cette différence n'est remarquable que parce que le vêtement se trouve un peu
aisé du côté faible. Pour habiller de manière à dissimuler ces imperfections, il faut une coupe particulière pour chaque côté du corps. Ainsi, l'emmanchure pour le côté du corps le plus fort est taillée
comme pour un homme dont les épaules sont hautes ;
et pour le côté faible, comme si elles étaient plus
basses, en ayant égard au degré de l'imperfection.

Cette inégalité des hauteurs d'épaules jointe à la
variation des attitudes du corps, a contribué jusqu'à
ce jour à créer les difficultés les plus grandes à
bien habiller. Si des tailleurs ont été quelquefois
assez heureux pour les vaincre, il n'en est aucun qui
puisse néanmoins expliquer les moyens par lesquels
il serait parvenu à triompher de cet obstacle ; car il
est des conformations tellement inexplicables à la
vue, et si opposées à d'autres conformations, que l'on
ne saurait s'en rendre un compte exact avec les mesures ordinaires. La différence que les conformations
opposées introduisent dans la coupe des corsages est

infinie : une longue expérience et une étude approfondie de cette partie peuvent à peine en faire reconnaître l'immense variété.

A ces difficultés produites par les différentes hauteurs
d'épaules, viennent s'en adjoindre de nouvelles d'une
autre nature : la conformation des dos, depuis le plus
concave jusqu'au plus convexe, appelle, pour chacune
des variations intermédiaires, une coupe spéciale de
manches. Car il faut accepter comme un principe vrai,
et dont l'expérience nous a toujours confirmé l'exactitude, que pour habiller parfaitement, il faut aux
hommes d'une égale grosseur, tailler une carrure
d'égale largeur, quelle que soit, d'ailleurs, la conformation particulière de leur dos. Si l'on n'observe
pas ce principe, l'homme au dos arrondi paraîtrait
tout-à-fait bossu, si on lui taillait un dos qui lui dessi-
nât en entier sa convexité, à moins de corriger cette
imperfection en ouattant fortement les défauts de l'é-
paule ; et l'homme au dos droit et uni perdrait de sa
grâce naturelle, si on ne lui faisait pas un dos assez
large. Il suit de là que les diverses coupes du dos,
rendues nécessaires par la variation des attitudes du
corps, ne diffèrent que dans leur aplomb et dans la
hauteur des épaules, et qu'elles exigent impérieusement
des manches spéciales pour chaque coupe particulière du dos.

Ainsi, par exemple, la manche propre au dos le plus
droit doit être taillée à talon court ; et celle qui convient au dos le plus courbé doit au contraire être
taillé à talon alongé, pour qu'elle puisse suppléer à la

largeur du dos et dissimuler ainsi la pente du défaut de l'épaule.

Les différentes attitudes du corps donnent lieu
aussi à des observations physiologiques du plus haut
intérêt. Ainsi, par exemple, en comparant les conformations extrêmes de l'homme le plus droit à l'homme
le plus courbé, l'on est frappé de la différence de
largeur qui existe entre la poitrine et le dos.

Chez l'homme le plus droit, la poitrine est très large
et le dos très creux ; l'homme courbé, au contraire, a
la poitrine très étroite et le dos bombé.

Nous avons mesuré à nu deux hommes de la même
circonférence, tant dans le haut que dans le bas du
buste. Le plus courbé n'avait que 36 centimètres de
largeur de poitrine ; le plus droit en avait 45 ; la différence était donc de 9 centimètres sur la largeur de la
poitrine. Du rapprochement de ces deux contrastes, il
résulte que la moyenne attitude de l'homme de cette
grosseur, donne une largeur de 41 centimètres dans
l'attitude ordinaire du corps, en ne se tenant ni trop
droit, ni trop courbé.

Si des observations anatomiques pouvaient trouver
ici une place, nous dirions les résultats produits par
des conformations extrêmes, considérées sous le rapport de l'âge et de la santé ; mais, sans nous occuper
d'une question qui n'appartient point à notre sujet,
nous devons insister sur la nécessité d'avoir égard à
l'attitude de l'homme, pour lui faire des habillements
qui corrigent les défauts de cette attitude, ou ne gênent

pas des habitudes de position que l'âge ne permet plus de réformer.

Ainsi, les jeunes gens, par exemple, suivant la nature de leurs occupations ordinaires, sont plus ou moins portés à prendre une attitude disgracieuse ou contraire au libre développement de leurs forces physiques. Des habillements mal faits favorisent souvent cette funeste propension du corps ; on ne saurait alors apporter trop de soin à la corriger. Dans ce cas, le tailleur doit tenir l'habillement assez étroit au dos et assez aisé à la poitrine, pour que celui qui doit le porter ne puisse se courber sans qu'il s'aperçoive qu'il se tient mal, par la pression qu'opère le vêtement sur le devant de l'épaule vers l'aisselle.

Ces préliminaires posés pour faire comprendre la nécessité d'étudier les conformations, sont justifiés encore par l'observation des contrastes que présente l'ensemble des différentes parties du corps de l'homme.

CHAPITRE II.

La mesure est ce qui sert à faire connaître et à marquer les différents dégrés de conformations des diverses parties du corps, ainsi que la longueur et la largeur des habillements qu'il faut confectionner pour toutes les tailles des hommes, suivant ces conformations.

Dans cette définition, elle est considérée comme terme générique comprenant toutes les mesures qui sont indispensables aux tailleurs.

Les mesures varient suivant la forme ou l'espèce de vêtement.

Mais avant d'aborder cette partie de notre sujet, nous devons appeler l'attention des tailleurs sur les considérations premières qui doivent les guider dans la manière de prendre les mesures.

Nous posons comme un principe essentiel à suivre, qu'il faut, avant tout, avoir égard, 1° à la taille et à la conformation ; 2° à l'âge ; 3° à la position sociale ; 4° au penchant pour la mode ; 5° à l'état habituel de santé du client qu'il s'agit d'habiller ; 6° enfin à l'usage auquel est destiné l'habillement à confectionner.

Ce principe est fondé sur des observations que nous croyons utiles et vraies, et que nous exposons dans la section qui suit.

5

Nous rappellerons ici un mot que nous avons déjà cité dans notre première partie : La Bruyère a dit : *un Philosophe se laisse habiller par son tailleur*. Cette pensée profonde, sortie de la plume d'un des plus grands écrivains du siècle de Louis **XIV**, résume avec une énergique concision tout ce que notre profession exige de talent et d'habileté.

En effet, pour être un bon tailleur, il ne suffit pas seulement de savoir mesurer, couper et confectionner, il faut plus encore, il faut savoir donner à l'habillement une sorte de caractère qui soit en rapport avec la personne qu'il s'agit d'habiller.

Le tailleur doit étudier son modèle, comme l'artiste étudie son sujet ; il doit suivre la nature dans toutes les indications qu'elle lui offre.

Dans un œuvre dramatique, le poète cherche à donner à tous les personnages un langage, des mœurs, un caractère, des sentiments, des pensées conformes à leurs positions. Le peintre cherche à reproduire la vérité même par les traits les plus minimes. Il ne néglige aucune observation, aucun détail que son pinceau puisse rendre, pour atteindre à cette perfection qui est le but vers lequel s'efforcent d'arriver tous les hommes qui cultivent des arts utiles : il en doit être de même pour le tailleur.

S'il exerce son talent dans une sphère moins élevée, moins étendue, et par suite de nos habitudes sociales moins appréciée encore en ce moment, il doit se soumettre à des règles qui sont communes à tous les arts. Il doit observer, étudier, examiner; son exécution doit être soumise à ses remarques: elles doivent le conduire à saisir la forme, le genre, la nature d'habillement qui convient à l'homme qui se confie à lui pour être habillé.

Tous les hommes aiment à porter des habits bien faits, et cependant beaucoup de personnes éprouvent une sorte d'embarras à s'expliquer sur le genre de vêtement qu'elles désirent. Le tailleur doit pouvoir suppléer par lui-même à ce que son client ne peut pas lui dire. Par lui-même, il doit pouvoir juger ce qu'il convient de faire pour bien habiller suivant l'âge, la position sociale, l'état de santé de ce client.

L'art du tailleur a, comme tous les autres arts, quelque chose de mystérieux que la pensée ne peut rendre, que la plume ne peut expliquer; quelque chose qui porte un cachet particulier auquel on distingue le maître de l'élève, et qui assure de tout temps, la réputation et par suite la fortune de l'artiste qui le possède. En terme d'atelier on l'appelle *le chic*, en terme plus exact et plus correct, nous l'appellerons un *savoir-faire*, indispensable à tout homme qui veut s'élever au premier rang de sa profession.

Nous ne rechercherons pas si l'expression fait assez clairement comprendre la chose, mais nous indiquerons ici quelques-uns des moyens qui nous paraissent de nature à faire acquérir aux tailleurs ce *savoir-*

faire mystérieux qui doit les élever dans leur profession.

Sous le rapport de la taille et de la conformation, il suffit d'observer que si la mode exige de porter les habits ou les redingotes longs, une telle mode peut être suivie dans toute sa rigueur par toutes les personnes dont la taille n'est pas très élevée; mais au contraire il faut la modifier pour les hommes d'une grande taille. En effet, un vêtement long paraît à la vue grandir les petites tailles, et un vêtement court produit un résultat contraire.

Si une personne a les épaules fortes et voûtées, la mode des dos larges et des petites manches ne saurait, dans aucun cas, lui être applicable ; car loin de dissimuler ces imperfections, elle les ferait ressortir davantage. Les grandes manches, les grandes entournures, les dos étroits devront être employés avec d'autant plus de raison, que la défectuosité de cette conformation serait plus évidente, ou que la corpulence serait plus forte.

Pour les conformations contraires dans cette partie du corps, toutes les modes peuvent être appliquées. Ainsi, lorsqu'une personne a quelque partie du corps assez creuse pour qu'il soit nécessaire de faire usage d'une garniture ouattée, il faut prendre la mesure assez aisée pour que cette garniture ne puisse gêner cette personne.

Sous le rapport de l'âge, il est quelquefois utile de faire varier ses mesures : ainsi, si la mode voulait que pour un homme de vingt ans et d'une taille de cinq pieds deux pouces, l'habit eût 92 centimètres de longueur, il faudrait le faire de 94 pour l'homme de trente ans, de 96 pour celui de quarante, de 98 pour celui de cinquante, de 101 pour celui de soixante, et de 105

à 110 pour le vieillard de soixante-dix ans et au-dessus.
Mais si, par contraire, la mode exigeait que de
longs vêtements fussent portés par les jeunes gens, le
goût et le mérite du tailleur devraient suppléer à ce qu'il
serait nécessaire de faire pour bien habiller des hommes
d'un âge plus avancé. [1]

Sous le rapport de la position sociale, si le client ne
fait pas connaître son goût particulier, il faut consulter
son caractère, sa profession, ses habitudes.

Ici le tact du tailleur doit s'attacher à saisir le genre
d'habillement, la nature et la couleur des étoffes qui
peuvent convenir. Le magistrat, le fonctionnaire public, l'avocat, le médecin, tout en désirant une mise
soignée, exigent cependant une coupe de vêtement
quelquefois différente de celle qui peut plaire à l'élégant préoccupé des distractions brillantes, des plaisirs
somptueux qui sont l'unique élément de son existence.

Les hommes livrés à certaines professions, tels que
les artistes musiciens, ont besoin que leurs habillements, tout aussi conformes à la mode que possible,
ne soient point gênés cependant aux articulations, et
qu'ils aient les mouvements assez libres pour ne pas
éprouver de peine dans l'exercice de leur art.

Pour les hommes obligés de travailler à des professions mécaniques, on conçoit encore qu'il faut avoir
égard à certaines conditions nécessaires à observer,

---

[1] L'on doit comprendre par ce raisonnement, que dans tous les cas,
les vieillards et les hommes graves, quel que soit leur âge, devront être
vêtus d'une façon étoffée.

pour que leurs habillements ne soient pas pour eux un obstacle à leurs travaux.

Sous le rapport du penchant pour la mode, il faut reconnaître qu'à tout âge on peut aimer la mode à l'excès ; mais on doit craindre de la suivre avec une affectation ridicule, dont le bon goût fait toujours une prompte justice.

Le tailleur doit, pour la mode, se régler sur l'âge que paraît avoir la personne. Il faut bien distinguer l'homme de cinquante ans, qui a l'air d'en avoir moins de quarante, de celui qui en a quarante et en paraît avoir plus de cinquante. Le premier doit être habillé comme un homme de trente-cinq ans, le dernier doit l'être comme celui de quarante : non-seulement parce qu'il paraît avoir plus que cet âge, mais encore parce que c'est souvent une mauvaise santé qui lui donne l'air d'être plus âgé et qui semble exiger des vêtements plus conformes à son état.

Sous le rapport de l'état de santé, on comprend aisément que, quel que soit l'empire de la mode, si un homme est d'une faible constitution, ou fréquemment malade, il faut avoir soin de le vêtir le plus moëlleusement possible, en évitant de lui faire des habillements d'une étoffe pesante et dure, mais encore l'habiller de manière qu'il n'éprouve pas de gêne en aucune partie du corps. Des mesures aisées et prises avec soin peuvent guider le tailleur avec certitude dans une telle circonstance. Ainsi, il ne serrera pas la mesure sur la poitrine, afin de laisser la respiration toujours bien libre, et il se gardera de faire des collets élevés, pesants ou raides, si la personne a un col court qui puisse faire craindre les coups de sang. Souvent, et dans certains cas, on peut employer avec succès les élastiques au dos des gilets et aux ceintures des pantalons, pour les personnes qui, aimant une taille serrée, ont cependant besoin d'être à l'aise pour se bien porter.

L'usage auquel l'habillement est destiné impose au tailleur des obligations difficiles, mais dont cependant il saura triompher s'il est homme habile et de bon goût. Il comprendra alors de quelle importance il peut être de savoir confectionner un habillement approprié à la circonstance qui le rend nécessaire ou à l'usage auquel il doit servir.

Ainsi, un habit qu'un jeune marié commande pour le moment où il se présente à l'autel, ne doit pas être fait de même que l'habit dont l'élégant se pare aux courses du bois de Boulogne ou aux promenades des Tuileries.

Si l'art du tailleur a des principes généraux, il a encore des règles particulières appropriées à divers cas spéciaux, qui méritent d'être pris en considération.

L'homme de bon goût varie son costume, en raison des diverses circonstances (plaisirs ou occupations) auxquelles il est livré; s'agit-il pour lui d'une célébration de mariage, dans laquelle il figure comme partie première intéressée, son costume sera riche, noble, élégant : il doit être en raison de la gravité de cette imposante cérémonie. Doit-il se mêler aux distractions brillantes d'un bal, la même recherche, le même soin sont nécessaires ; seulement, il modifiera l'élégance de son costume par une heureuse variété de couleurs, qui ajoutera à la grâce, sans rien ôter à la noblesse des effets.

L'habit de deuil sera différent de l'habit de promenade, et celui-ci se distinguera encore par une coupe ou une confection particulière de l'habit destiné à l'exercice du cheval.

La forme de la redingote est soumise aux mêmes règles : redingote de ville, de campagne, d'été ou d'hiver ; chacune exige des formes différentes, des mesures particulières, pour atteindre convenablement au but en vue duquel elles sont commandées.

Il en est de même de toutes les autres parties dépendantes de l'habillement. Elles doivent être toutes dans une telle harmonie, que la critique et le bon goût ne puissent qu'en approuver l'ensemble.

C'est ainsi que les diverses circonstances de la vie exigent des costumes particuliers, et que chacun de ces costumes veut des recherches nouvelles, d'heureux efforts. Les découvertes habiles de l'imagination du tailleur pourront le conduire à la perfection nécessaire en ce qui concerne les mesures, la coupe, la confection, le choix des étoffes et de leur qualité, le bon effet des couleurs, etc.

Nous ferons observer ici, en terminant, que toutes les mesures du bas du buste doivent être prises suivant la grosseur réelle du corps, afin de savoir à quel degré l'on comprime le bas de la taille des jeunes gens qui veulent être serrés ; quel degré d'aisance l'ordonnera aux personnes qui s'habillent d'une manière plus étoffée qu'élégante.

SECTION DEUXIÈME.

DES INSTRUMENTS NÉCESSAIRES POUR BIEN PRENDRE LES MESURES.

Avant l'usage du ruban métrique, les Tailleurs se servaient seulement d'une simple bande de papier sur laquelle, à l'aide d'un coup de ciseau, ils faisaient des marques de plusieurs façons, indiquant les diverses mesures qui leur étaient nécessaires. Un tel procédé, il faut le dire, atteste par lui-même, l'état d'enfance dans lequel est long-temps resté l'art du Tailleur. La mesure prise avec la bande de papier est un fait isolé qui, ne se rattachant à rien de positif, ne peut servir de guide ni de point de comparaison. Cette bande ne donne que des résultats douteux, puisqu'ils sont dus au hasard plutôt qu'au calcul, et qu'ils ne permettent à l'imagination aucune combinaison possible dans l'intérêt de l'art.

L'emploi du ruban métrique que nous mîmes, le premier, en usage, il y a environ vingt ans, doit être considéré comme un progrès, et il est facile de remarquer que c'est de cette époque que datent sur-tout les notables améliorations introduites dans la confection des habits. Alors, les mesures devinrent aussi positives et aussi certaines qu'elles pouvaient l'être, à l'aide de ce ruban; et, par cela même qu'on avait découvert une base exacte, on avait acquis la possibilité de calculer le mérite de la mesure , en raison de l'effet qu'elle était destinée à produire sur l'ensemble plus ou moins gracieux de la confection.

Bien qu'un grand nombre de tailleurs , parmi lesquels ou peut en compter de très distingués , aient cru devoir persister dans l'usage de la bande de papier , pour ne rien perdre de leurs anciennes habitudes , il n'en reste pas moins incontestable que le ruban métrique eût été pour eux un nouveau moyen de succès. A l'aide du ruban , il est devenu facile de définir les différentes circonférences, les longueurs et les largeurs; avant l'emploi de ce ruban , toutes les mesures prises étaient dans le vague le plus confus. Le ruban métrique a permis de tenir un compte vrai des diverses proportions de l'homme. L'énumération des chiffres produits par la mesure de chaque taille et de chaque grosseur, a été , pour le tailleur , un langage nouveau qui l'a initié aux premiers mystères des conformations humaines , et a secondé le développement des progrès remarquables que la profession a faits depuis plusieurs années.

Le ruban métrique , ainsi nommé parce qu'il est établi suivant la mesure du mètre, contribua encore à l'agrandissement du commerce de marchand tailleur , par la facilité avec laquelle il permit d'envoyer, par écrit, d'une ville à une autre , les mesures nécessaires. De cette manière, le cercle des relations s'étendit dans une proportion considérable , et contribua même à donner aux Tailleurs des petites villes, un sentiment d'émulation assez vif pour les porter à vouloir lutter

avec leurs rivaux des grandes villes ou de la capitale,
auxquels la distance des lieux n'empêchait plus de com-
mander des habillements.

L'art et le commerce du tailleur profitèrent ainsi de
cette amélioration, en ce que les produits étaient moins
défectueux et que l'on commença à sentir la nécessité
de ne pas rester médiocre dans une profession qui
fraye les voies à la réputation et à la fortune à ceux
qui se distinguent par leur goût et leur habileté.

Depuis lors, l'usage du ruban métrique est devenu
de plus en plus général, il est resté le seul procédé en
usage pour prendre les mesures. On a apprécié ses
avantages par la comparaison de l'insuffisance et des
défauts de la bande de papier, et l'on s'est arrêté à ce
premier jugement, sans rechercher si le ruban métrique satisfaisait réellement à la nécessité de diverses
mesures particulières que pourrait exiger la différence
des conformations.

C'est ainsi que cette différence des conformations a
été considérée comme présentant des difficultés insur-
montables, sur lesquelles aucun principe satisfaisant
ne saurait être donné pour les résoudre, et on a paru
les attribuer à l'absence des procédés propres à les mesurer.

Un de nos confrères [1] qui a publié, il y a quelque
temps, un petit volume, sous le titre de *Manuel du
Tailleur*, s'exprime à cet égard dans les termes sui-
vants :

[1] *Manuel du Tailleur*, par Vandal, p. 62.

« Si tous les hommes étaient bien proportionnés,
les mesures seraient bien faciles à prendre; mais il
n'en est pas ainsi : chaque individu présente quelques
particularités qu'il est essentiel d'observer ; ce ne sont
pas toujours des difformités, mais des habitudes de
corps qui dépendent souvent de la manière de se tenir,
des occupations auxquelles on se livre habituellement,
du degré de force ou de faiblesse de certains membres,
etc. Ces variations sont l'écueil qui fait échouer le plus
grand nombre de tailleurs, et les difficultés qu'il faut
savoir vaincre ; *mais on ne peut donner aucuns prin-*
cipes satisfaisants à ce sujet; un coup d'œil exercé,
une grande pratique peuvent seuls guider dans ces oc-
casions fréquentes. »

Il résulterait de cette opinion que l'art du Tailleur
doit nécessairement rencontrer des obstacles dont il
doit désespérer de triompher jamais, puisqu'il ne saurait offrir aucune règle positive et éprouvée pour les
faire disparaître, et que ses moyens de perfection sont
subordonnés aux essais d'une expérience entièrement
livrée au hasard.

Sans avoir ici la pensée de refuser à l'ouvrage que
nous venons de citer, le mérite qui peut lui être reconnu, nous avons cru devoir relever cette opinion
qu'il serait injuste de reprocher à l'auteur, parce
qu'elle tient sur-tout au degré d'avancement de la profession, et démontrer par ce qui va suivre, que toutes
les difficultés que le raisonnement parvient à expliquer
ne sauraient être impossibles à corriger ou à faire disparaître entièrement.

Nous avons eu fréquemment l'occasion de le dire dans le cours de cet ouvrage, l'art du Tailleur a ses principes et ses règles, de même que tous les autres arts. Si, jusqu'à ce jour, on n'a pu en découvrir tous les développements, il faut moins en accuser la profession elle-même que le défaut des connaissances nécessaires pour en apprécier toutes les ressources. Pour nous, l'étude et l'expérience nous ont guidé dans nos nombreuses observations : les difficultés que la nature même semblait rendre à jamais insolubles, ne nous ont point arrêté. A force de combinaisons, d'essais et de recherches, nous avons fini par acquérir cette conviction positive, que toutes les conformations difformes ou non difformes du corps humain, doivent et peuvent être mesurées avec la plus grande précision possible.

Quant à la nécessité de mesurer toutes les différences de conformations, elle est incontestable. D'un assentiment général, elle est reconnue comme la base de la perfection d'un habillement.

Le moyen de les mesurer toutes dans leurs différentes variations, a toujours été regardé comme l'écueil le plus grand devant lequel sont venus souvent échouer les efforts des Tailleurs qui recherchent cette perfection.

Mais, pour surmonter cet obstacle, il fallait d'abord étudier les proportions du corps de l'homme comparées avec le nombre des diverses mesures dont les Tailleurs se sont servis jusqu'à ce jour, et reconnaître si chacune de ces mesures satisfait exactement aux nécessités des conformations les plus différentes.

Cet examen, en nous conduisant à découvrir l'utilité d'introduire une classification raisonnée dans les
mesures, nous a fait sentir aussi combien était grande
l'insuffisance du ruban métrique à l'aide duquel aucune
conformation, quelque simple qu'elle soit, ne saurait
jamais être bien régulièrement mesurée.

Il se présentait donc ici une difficulté nouvelle,
mais beaucoup moins embarrassante, puisqu'elle se
rattache seulement à un moyen d'exécution. Nous pensons avoir trouvé le secret de la faire cesser, en proposant l'usage de quatre instruments nouveaux, qui nous
paraissent de nature à satisfaire à toutes les nécessités
auxquelles ne peut suppléer l'insuffisance du ruban
métrique.

En effet, celui-ci ne peut servir qu'à mesurer des
longueurs, des largeurs ou des circonférences; mais il
ne peut faire connaître la différence de hauteur qui
existe quelquefois entre les épaules d'un homme.

Il ne permet pas non plus de saisir les variations qui
peuvent se rencontrer dans la conformation du dos, ou
l'effet produit par la proéminence plus ou moins prononcée des hanches ou de l'abdomen ; de là, l'incertitude la plus grande et souvent la plus difficile à vaincre
dans la mesure et la coupe des corsages ; de là encore
cette opinion qu'aucune règle ne peut être donnée
pour faire cesser cette incertitude, seule cause des imperfections nombreuses et fréquentes que l'on retrouve
encore de nos jours, même dans les habillements confectionnés par les Tailleurs distingués.

Les instruments dont nous parlons, et que nous

désignerons ici sous les noms de : *Épaulimètre*, *Dossimètre*, *Triple décimètre* et *Corpimètre*, peuvent résoudre tous les problèmes les plus difficiles de l'art du
Tailleur. [1]

Nous rechercherons moins en ce moment le mérite
d'avoir inventé ces procédés, que la satisfaction que
peut nous donner la certitude d'avoir ainsi applani
les véritables obstacles et d'avoir donné à nos confrères
des moyens positifs de s'en affranchir pour toujours
dans l'exercice de leur profession.

Dans ce traité Encyclopédique, nous sommes nécessairement obligé de parler de ces instruments, parce
qu'ils se rattachent à une étude raisonnée des mesures
que nous présentons dans la section suivante. L'expérience fera aisément comprendre qu'ils doivent aujour-
d'hui être considérés comme des moyens d'application
indispensables, et justifiés par l'exactitude des principes qui démontrent la nécessité de toutes les mesures
qu'il est utile de prendre pour bien confectionner un
habillement. Par cela même que ces procédés sont in-
séparables des mesures auxquelles ils s'appliquent,
nous n'avons pas cru pouvoir nous dispenser d'en présenter l'explication dans les diverses questions qui sont
examinées ci-après.

---

[1] Ces instruments sont contenus dans une boîte facilement portative,
et qui, désignée sous le nom d'Anthropomètre, fait partie de la collection brévetée, sous le titre de *Méthode Barde.*

SECTION TROISIÈME.

Jusqu'à ce jour, les Tailleurs ont borné à un petit nombre les mesures qui leur ont paru nécessaires à la confection d'un habillement. On peut même dire que l'art a fait peu de progrès à cet égard, si on considère son point de départ pris à l'époque où la bande de papier servait seule comme moyen propre à mesurer. En effet, alors on n'avait aucune règle positive sur le nombre des mesures qu'il fallait prendre, sur les parties où elles devaient se placer, sur la raison ou la nécessité même de chacune des mesures qui étaient prises. Chaque Tailleur agissait suivant sa routine, ses inspirations ou son expérience. Le ruban métrique a permis de procéder avec plus d'ordre et de raisonnement, mais sans faire davantage connaître s'il n'était pas possible d'aller au-delà de ce qui était alors pratiqué. Le jugement, aidé par une longue expérience, n'avait pas encore analysé les diverses conformations du corps de l'homme, et n'avait pas découvert l'utilité de diviser les mesures en plusieurs classes et telles que la nature même veut qu'elles soient divisées.

Pour nous, sans avoir la pensée de nous présenter comme réformateur d'un art dont nous avons d'ailleurs étudié toutes les ressources et tous les secrets, nous croyons utile d'exposer quelques principes nouveaux sur les mesures et dont les développements que nous allons présenter, feront aisément comprendre l'exactitude et la vérité.

Il faut admettre d'abord, comme règle générale, qu'il est utile de mesurer toutes les parties du corps, parce que toutes sont sujettes à varier.

Dans la pratique, et eu égard à l'état actuel de la profession qui ne connaît encore que le ruban métrique comme moyen de mesure, l'application de ce principe peut fréquemment rencontrer de graves difficultés.

Nous pensons qu'il sera désormais facile de les vaincre par l'usage des instruments dont nous avons parlé dans la section précédente, et qui viennent à l'appui de la nécessité de classer les mesures, en mesures de conformations et en mesures de circonférences, de longueur et de largeur.

Nous appelons *Mesures de conformations*, celles qui ont pour résultat de faire connaître :

 1° La courbure du haut du dos ;

 2° La courbure du dos à la taille ;

 3° La cambrure du dessous de la taille ;

 4° La courbure horizontale du dos ;

 5° La hauteur des épaules ;

 6° La largeur du dessus des épaules ;

 7° Le diamètre pris au-dessus des hanches ;

 8° Le diamètre pris sur le gros des hanches ;

 9° Le diamètre pris du gros du ventre au dos ;

Nous appelons mesures de circonférences, de longueur et de largeur, celles qui ne sont prises seulement qu'avec le ruban métrique. Dans ce nombre, nous plaçons :

1" La grosseur du cou ;

2" La longueur du tour d'emmanchure , prise de la nuque au même endroit , et de la nuque au milieu du *dos*.

3° La grosseur du haut du buste ;

4° La grosseur du bas du buste ;

5° La longueur du devant du gilet ;

6° La longueur du petit côté prise de l'aisselle au-dessus des hanches ;

7° La hauteur du collet ;

8" La longueur de la taille ;

9° La longueur des basques ;

10" La largeur du haut de la manche ;

11" La largeur du bas de la manche au passage de la main ;

12" La largeur de la carrure ;

13° La largeur du coude et

14° La longueur de la manche ;

15° La grosseur du haut de la cuisse ;

16° La grosseur du genou ;

17° La grosseur du jarret ;

18° La grosseur du mollet ;

19° La grosseur du bas de la jambe ;

20° La grosseur du coude-pied ;

A ces mesures , il faut encore ajouter celles qui sont relatives aux longueurs du pantalon.

21° De l'enfourchure au jarret ;

22° De l'enfourchure au milieu du mollet ;

23° De l'enfourchure au-dessus de la cheville ;

24° De l'enfourchure à la semelle ;

25° La longueur du côté du pantalon.

Avant de passer à l'examen particulier de ces mesures, nous devons dire encore que l'on pourrait les diviser en mesures *ordinaires*, mesures *exactes* et mesures *approximatives*.

Les mesures *ordinaires* sont celles qui sont prises avec le ruban métrique et qui servent à reconnaître les circonférences du corps. On peut dire qu'en général elles ne sont jamais qu'approximatives. Leur inexactitude provient de ce qu'elles sont souvent prises sur des vêtements imparfaits, qui, par le vice de leur confection ou par le volume de leur étoffe, indiquent alors un numéro différent de celui qu'il importe d'obtenir. Quant à ce qui touche à l'imperfection du vêtement, cette difficulté disparaîtra avec le temps par l'emploi des moyens propres à arriver à une plus grande perfection.

Mais si, par exemple, on prend mesure d'un habillement complet d'été sur des vêtements qui ont servi à un usage d'hiver, la mesure sera alors un peu trop large ; de même encore si l'on veut prendre mesure d'un vêtement d'hiver sur un costume d'été, on aura des mesures un peu trop étroites. De là, une irrégularité qui contrarie une confection parfaite de l'habillement.

Pour obtenir les mesures ordinaires le plus exactes que possible, il faudrait pouvoir les prendre à nu, et telles que nous les avons prises, par exemple, sur la statue d'Apollon, dans l'étude que nous avons faite des diverses conformations comparées, depuis la plus belle nature, à la nature la plus modifiée par l'âge, les attitudes ou les habitudes de la vie ; mais ce moyen ne

6*

saurait être indiqué comme un précepte ; il faut alors
consulter le goût des personnes qui désirent le plus ou
le moins d'ajustement dans leur mise, et calculer la
différence de mesure que doit produire, soit la forme
du vêtement, soit l'épaisseur de l'étoffe dont il est confectionné.

Les mesures *exactes* sont celles qui sont relatives
aux conformations. Le ruban métrique ne saurait servir dans ce cas ; il faut alors faire usage du dossimètre,
de l'épaulimètre et du corpimètre, suivant les indications que nous en donnerons ci-après.

Les mesures *relatives* sont celles que l'on ne prend
pas sur la personne, mais que le tailleur détermine
lui-même, quant aux dimensions à donner à un vêtement sur la mesure d'un autre vêtement fait à la
même personne.

Les mesures relatives ont pour base celles qui ont
été prises pour faire des vêtements étroits. C'est ainsi
que sur la mesure d'un pantalon collant, il sera tou-
'jours facile, en raisonnant un peu, de faire tous les
genres de pantalons possibles. Mais on ne saurait faire
un pantalon collant d'après la mesure prise sur un
pantalon large. C'est ainsi encore qu'il est de toute
nécessité de prendre toujours, autant que faire se
peut, la mesure du pantalon collant, parce qu'alors
le tailleur confectionnera plus facilement tous les genres de pantalons, en suivant toutefois une échelle de
proportion qui indique la mesure à observer suivant
la grosseur naturelle des personnes et le genre de
pantalon qu'il s'agira de tailler.

Il est à remarquer que jusqu'à ce jour, aucune méthode éprouvée n'a été donnée aux Tailleurs, qui les
guidât d'une manière positive dans cette partie si importante de leur art, et qui consiste à bien prendre
ces mesures. Ce qui le démontre d'une manière évidente, c'est la nécessité reconnue d'essayer les habits avant de les coudre solidement, afin de les mo-
deler, d'une manière aussi parfaite que possible, sur la
conformation des personnes. Cette précaution, jusqu'à ce moment jugée indispensable à la bonne
confection d'un habillement, est sur-tout observée par
les meilleurs Tailleurs de France et d'Angleterre, qui,
cependant, doivent être présumés connaître les
moyens les plus assurés d'arriver à la plus grande perfection possible dans la coupe des habillements.

La nécessité d'essayer les vêtements ne peut être
que le résultat de cette insuffisance des procédés usités, qui ne permettent pas de définir à la vue tous
les degrés des conformations, et qui ne font pas disparaître l'impossibilité de les habiller aussi facilement
les *unes* que les autres.

Il n'entre pas cependant dans notre pensée de
vouloir critiquer ceux de nos confrères qui ont recours à cette précaution, parce que nous sommes prêt
à reconnaître qu'elle produit cette utilité de faire
découvrir quelquefois la véritable forme des conformations, et qu'elle peut être de plus regardée comme
un moyen d'arriver à la perfection. Mais si avant
de tailler un vêtement, on obtient, à l'aide des instruments dont nous avons parlé, la connaissance la

plus exacte que possible des mesures de conformations, l'on comprendra aisément l'immense avantage
qui doit en résulter.

Il faut encore remarquer que les mesures prises
pour habiller ne l'ont presque jamais été avec assez
d'exactitude, et ensuite que l'on n'a jamais pris toutes
les mesures nécessaires pour habiller chaque personne selon sa conformation particulière.

Les mesures ordinaires de la grosseur du buste sont
souvent les mêmes chez un grand nombre d'individus,
mais celles des conformations que l'on n'a jamais pu
prendre, varient beaucoup entre elles.

L'usage des instruments que nous indiquons ici
comme propres à mesurer les différentes conformations,
nous a fait découvrir que, pour la même grosseur du
haut et du bas du buste, il devait exister un nombre
considérable d'emmanchures différentes, et que ces
emmanchures doivent varier en raison de la différence
de la conformation du corps. Ce que nous avançons
ici est un fait positif; et alors comment serait-il possible de tailler autant de modèles différents pour la
même mesure? Ainsi, par exemple, plus de cent
hommes ayant tous la même mesure d'habit dans
leur circonférence, auront autant de coupes différentes,
et bien distinctes.

Cette variation de conformation produit les nombreuses difficultés qu'on rencontre dans la coupe des
corsages. La seule différence des hauteurs d'épaules
exige aussi neuf emmanchures spéciales pour chacune
d'elles, pour une seule grosseur du haut du buste.

Il est utile d'avoir égard à la division que l'on peut donner aux corsages, dans la mesure à prendre des diverses parties qui les composent : nous distinguons les corsages qui se rapportent aux bustes à *cône renversé*, aux bustes *cylindriques*, et aux bustes *coniques*.

Les bustes à cône renversé sont ceux qui sont les plus gracieux ; aussi sont-ils les plus faciles à habiller. Ils appartiennent en général à la jeunesse. Plus ils s'éloignent de cet âge et moins ils conservent leur forme, pour se rapprocher des bustes cylindriques.

Les bustes cylindriques sont ceux qui ont la même mesure tant du haut que du bas du buste. Ils ne paraissent généralement avoir cette forme que lorsqu'ils sont vus de profil, alors que la protubérance se trouve placée sur les reins autant que sur le ventre. Quand un buste n'est pas tout-à-fait cylindrique, il est encore possible de figurer la grâce naturelle des bustes à cône renversé, à l'aide d'habillements taillés avec une perfection étudiée ; mais lorsque les deux grosseurs sont égales, il faut comprimer le ventre, si l'on veut obtenir une amélioration dans la tournure du corps.

Les bustes coniques sont ceux qui ont plus de grosseur du bas que du haut. Cette conformation est la plus difficile à bien habiller, parce qu'elle est dénuée de grâce. Le talent du tailleur doit suppléer aux obstacles de la nature. Il remarquera que les vêtements d'un homme très gros, doivent être un peu aisés, et qu'ils doivent être mesurés et taillés avec le plus grand soin ; car des habits mal faits le paraissent bien

*

davantage dans un gros volume. C'est ainsi encore qu'un homme très gros, habillé d'une manière étriquée, a l'air de grossir encore, et que son obésité ressort bien davantage que dans un habit aisé; pourvu toutefois que cette aisance ne dégénère pas en une extrême largeur.

Ces considérations préliminaires nous ont paru nécessaires pour préparer l'explication des mesures à laquelle nous allons nous livrer, en examinant successivement les mesures de conformations et les mesures de circonférences, dans l'ordre suivant lequel nous les avons ci-dessus indiquées.

Nous devons d'abord faire remarquer que les plus importantes mesures sont celles qui servent à tailler les corsages; nous les désignons de la manière suivante :

1º Grosseur du cou, prise sur la cravate;

2º Grosseur du haut du buste;

3º Grosseur du bas du buste;

4º Longueur du côté du buste, de l'aisselle à la hanche;

5º Longueur de la taille;

6º Longueur des devants de l'habit ou du gilet.

Les mesures de conformations comprennent :

1º La courbure du haut du dos;

2º La cambrure de la taille;

3º La courbure du dos au-dessus de la taille;

4º La courbure horizontale du dos, mesurée du côté droit et du côté gauche;

5º La hauteur de l'épaule droite et de l'épaule gauche;

6° La largeur de l'épaule ;

Les mesures relatives à la longueur ou à la largeur des manches, des basques de l'habit ou de la redingote, la hauteur du collet, comme celles qui sont nécessaires à la confection des pantalons et des culottes, seront particulièrement traitées lorsque nous aurons présenté nos explications sur les mesures de conformations, dont nous allons spécialement nous occuper ici.

Nous suivrons, dans l'explication de ces diverses mesures, l'ordre que nous avons précédemment indiqué, page 81.

§ 1ᵉʳ.

Mesures de conformations.

Les mesures de conformations se prennent à l'aide des quatre instruments dont nous avons parlé précédemment et que nous dénommons : *Dossimètre*, *Épaulimètre*, *Triple Décimètre* et *Corpimètre* [1].

Le *Dossimètre* est un instrument qui, à l'aide du triple décimètre, sert à mesurer :

    1° La courbure du haut du dos prise du milieu du dos à la nuque, à la place même où doit s'attacher le collet ;

---

[1] Voir, quant à ces instruments, l'*Appendice* sur la Méthode Barde, qui se trouve à la suite de ce Traité, et le tableau qui les représente.

2° La courbure du bas du dos, prise du milieu
du dos à la taille ;

3° La cambrure du dos au-dessus de la taille ;

4° La mesure horizontale du dos prise de chaque côté de l'épaule.

Par la même application, l'*Épaulimètre* sert à mesurer la hauteur de chacune des deux épaules. A l'aide
du triple décimètre, il donne encore la largeur du dessus des épaules.

Le *triple Décimètre*, ainsi qu'on le voit, est un
instrument auxiliaire qui sert aux opérations du dossimètre et de l'épaulimètre.

Le *Corpimètre* fait connaître :

1° Le diamètre du corps au-dessus des hanches ;

2° Ce diamètre pris sur le gros des hanches ;

3° Ce diamètre pris du gros du ventre au dos ;

MESURES

DE CONFORMATIONS. [1]

PREMIÈRE MESURE DE CONFORMATION.

COURBURE DU HAUT DU DOS.

Cette mesure peut être encore désignée, sous le nom d'attitude habituelle du corps, parce qu'elle donne le degré exact de la courbure du haut du dos.

La nécessité absolue de cette mesure ne saurait être contestée, par cela seul qu'elle varie, depuis l'homme

---

[1] Nous croyons utile de faire remarquer qu'il est essentiel de ne pas confondre dans l'application, les mots largeur, grosseur, hauteur, longueur, que nous employons suivant la nécessité de notre sujet.

Par *largeur* nous voulons désigner tout ce qui concerne la largeur d'un vêtement ou d'une partie du vêtement.

Par *grosseur* tout ce qui peut expliquer la dimension des différentes parties du corps.

De même encore quand nous parlons de la hauteur d'un collet, nous voulons désigner cette partie qui existe entre le haut et l'attache du collet au vêtement; nous entendons par longueur du collet, cette partie qui sert à envelopper la circonférence du cou; la partie du corsage à laquelle vient s'attacher le collet se nomme encolure.

La longueur du collet varie selon celle de l'encolure; sa hauteur varie selon la hauteur du cou, la mode et le genre du vêtement; et la longueur de l'encolure varie elle-même selon la mode ou la forme du collet.

le plus droit , jusqu'à l'homme le plus courbé , de
quinze degrés environ pour la taille moyenne des hommes , chaque degré étant d'un demi-centimètre. Cette
mesure a un rapport intime avec celle de la cambrure
de la taille. Lorsque l'une et l'autre de ces deux mesures sont prises bien exactement, et que la coupe du
corsage est faite suivant les indications qu'elles ont données, l'habit touche aux reins lorsqu'il est ouvert, et
veut-on le fermer, le collet ne fait, en aucune façon,
le capuchon ou la hotte ; ce qui a toujours été regardé
comme un défaut capital dans la coupe.

De la mesure de l'attitude du corps dépend la grâce
du vêtement, puisque sans cette mesure, on est réduit à
tailler machinalement, et comme au hasard, l'épaulette
du corsage , qui dès lors , peut se trouver ou trop droite
ou trop renversée de plusieurs degrés, tandis qu'une erreur d'un seul degré suffit sur ce point pour priver le corsage de toute la grâce qui lui est indispensable. Nous le
répétons ici, parce que de nombreuses expériences nous
ont démontré la vérité de ce que nous avançons : la connaissance parfaite de la courbure du corps doit être regardée comme la base de toutes les perfections nécessaires au corsage , puisque la coupe de l'épaulette doit
être faite de façon à n'être pas dérangée dans sa pose
sur le corps , qu'on veuille ou non boutonner son
habit.

En effet, lorsque la coupe de l'épaulette est mal faite,
le corsage manque nécessairement d'aplomb , et dès
lors l'étoffe qui a été disposée pour habiller la grosseur du corps, se trouvant mal repartie, l'habit est,

d'un côté, trop étroit de ce qu'il a de trop en largeur autour de la circonférence de l'autre ; une épaulette taillée trop droite occasionera des tiraillements autour de l'emmanchure, le dos fera des plis, le corsage touchera trop à la taille, la poitrine sera trop étroite, l'encolure pèsera sur le derrière du cou comme pour aider le corps à se courber. Une épaulette trop renversée produira l'effet contraire : elle forcera le collet à se détacher du cou par derrière ; si l'habit est boutonné, l'encolure sera trop haute par devant, la cravatte disparaîtra sous ce défaut de la coupe, le revers deviendra trop court de toute la partie dont l'épaulette se trouvera être trop renversée. Si l'habit est ouvert, il arrivera nécessairement que les basques et le bas du corsage s'éloigneront trop du corps. On comprend ainsi, que si les imperfections produites par l'absence de la mesure si nécessaire de la courbure du haut du dos, sont trop grandes pour être facilement corrigées, le tailleur se trouvera dans l'obligation inévitable de refaire un nouveau corsage ; de là, perte d'étoffe et de temps, que peut prévenir l'usage du dossimètre qui sert à prendre cette mesure suivant les indications que nous donnons ici.

Il ne faut pas oublier que le plus ou moins grand volume de la cravatte, augmente ou diminue le degré de courbure du haut du dos. Avec une cravatte très mince, le dossimètre pourra marquer deux et même trois degrés de courbure de plus qu'avec une cravate de plus fort volume : ce qui vient à l'appui de cette remarque, c'est que l'application du dossimètre sur le dos des dames produit un chiffre plus élevé, proportion gardée de leur taille, que chez les hommes, parce que les femmes n'ayant point le col garni d'une étoffe d'un fort volume, le triple décimètre parcourt, de plus que chez les hommes, l'épaisseur ordinaire de la cravate.

Un autre exemple peut servir à faire apprécier le mérite de cette observation. Si l'on prend la même mesure sur un homme portant un habit bourgeois et ayant une cravate ordinaire, on trouvera une différence de plusieurs degrés entre cette mesure et celle que l'on prendrait sur ce même individu vêtu d'un habit uniforme et ayant un col dont le volume est toujours très mince.

DEUXIÈME MESURE DE CONFORMATION.

COURBURE DU DOS A LA TAILLE.

Cette mesure fait connaître le degré de cambrure de la taille, qui peut varier, selon la hauteur du buste, de 0 à 18 degrés.

Ainsi que nous venons de le dire dans l'article précédent, la seconde mesure de conformation a un rapport immédiat et nécessaire avec la première, et pour que le corsage puisse atteindre le but auquel il est destiné, celui de bien saisir et de bien dessiner la taille, il faut que ces deux mesures soient prises avec une attention et une exactitude égales, et que la coupe de ce corsage soit tracée selon le profil du corps que ces mesures indiquent, s'il n'y a pas lieu à perfectionner la conformation. L'on comprendra sans doute l'importance absolue de la mesure dont nous parlons, si nous

disons que depuis que nous faisons usage du dossimètre,
nous avons eu l'occasion de mesurer les conformations les
plus opposées du bas du buste, et que nous avons trouvé
des hommes dont la mesure différait de 0 à 18 degrés
dans la même grosseur de cette partie du corps, et sur
la même courbure du haut du dos. De cette différence
de mesure, qui est immense, résulte la nécessité d'avoir
égard à deux observations également importantes : la
première, c'est qu'il faut établir la même différence dans
la coupe, pour toutes les conformations régulières ; la
seconde, c'est de 'savoir profiter de la connaissance
des mesures de conformation extrême, pour corriger,
autant que possible, leurs imperfections, en ramenant
ces dernières à la régularité des plus belles formes,
par l'usage des procédés que nous indiquons dans le
cours de ce chapitre. [1]

Afin de faire apprécier l'importance des chiffres
produits par les plus belles conformations du dos,
considérées en raison de la taille, nous dirons que
la plus belle forme de cette partie du corps, chez
les hommes d'une taille moyenne, est de 10 à 12 degrés du haut du dos et de 7 à 8 du bas. Chez les
hommes de la taille la plus grande, il faut, pour que
ces proportions soient les mêmes, que les chiffres
soient plus élevés en raison de la longueur sur laquelle
agit cette convexité ; et par les mêmes motifs, pour les
hommes de la plus petite taille, les chiffres seront

---

[1] Voir en outre l'appendice placé à la fin de ce Traité.

moins élevés que pour la moyenne; ainsi, par exemple:

Un buste de petite taille ayant de 42 à 45 centimètres de longueur du dos , la taille étant placée à un
ou deux centimètres au-dessus du niveau du dessus
des hanches, aura de 7 à 9 degrés du haut du dos, et
de 5 à 6 degrés du bas du dos; un buste de moyenne
taille ayant de 44 à 47 centimètres de longueur du dos,
aura de 10 à 12 degrés du haut du dos et de 7 à 8 degrés
du bas ; un buste de la plus grande taille ayant de 47
à 51 centimètres de longueur du dos , aura de 13 à 15
degrés du haut du dos et de 9 à 10 degrés du bas.

C'est ainsi que, sans la connaissance des degrés de
concavité du bas du dos, on ne peut tailler avec certitude cette partie si essentielle du corsage.

S'il arrive qu'il faille habiller deux hommes d'égale
circonférence du haut comme du bas du buste, mais
dont l'un aura les reins assez profonds pour que le
dossimètre marque 14 degrés ou 7 centimètres , et
que, sur l'autre cet instrument marque zéro, il en
résultera la nécessité de tailler les deux corsages avec
une différence de 7 centimètres au creux des reins , de
sorte que le corsage de l'homme marquant zéro, soit
plus étroit sur le devant du buste de presque toute
cette différence, à cause de l'étoffe laissée par derrière.
Nous disons *presque toute cette différence* , parce qu'il
vaut mieux rétrécir un peu moins le corsage par devant, pour ne pas lui donner trop de rondeur sur la
poitrine ; mais alors il faut aider la coupe par le secours de la confection , en soutenant un peu le bas
de ce corsage dans son attache avec les basques,

afin d'obtenir le bombé de la poitrine , qui appartient à ces conformations.

Le rapprochement des deux corsages, qui auront habillé, dans le même degré de perfection , les deux mesures de cambrure dont nous nous occupons , démontre par leur grande différence combien il est indispensable de bien connaître les mesures de conformations , avant de hasarder de semblables variations dans la coupe. Il fait encore ressortir avec la dernière évidence combien il est facile de se tromper , si l'on veut essayer de tailler, soit d'inspiration, soit au coup d'œil , ou à l'aide de tous autres moyens connus, qui n'auront pas pour base celui que nous indiquons, c'est-à-dire la mesure positive des conformations du corps.

Si l'on veut tailler un corsage sans prendre la mesure de la courbure du bas du dos , on s'expose à des erreurs très graves', et qui conduisent à laisser trop ou trop peu d'étoffe à la cambrure de la taille : ainsi, que l'on ait taillé un habit sur une mesure de circonférence seulement, si l'on s'aperçoit que l'on a laissé trop d'étoffe à la cambrure et que l'on veuille retrancher cet excédent, l'habit deviendra trop étroit du devant, de toute l'ampleur qui aura été retranchée par derrière, et le corsage sera trop court en cet endroit. Si par un défaut contraire, l'habit touche trop à la taille, il sera nécessaire alors de le rétrécir vers l'emmanchure ; mais par cette correction, toute l'étoffe qui aura été retranchée, manquera à la largeur de la poitrine et l'on sera obligé, pour relever le côté de l'em-

7

manchure devenu trop bas, de recourir à des moyens
qui produiront des effets disgracieux.

Si l'erreur commise, faute de mesures de conformation, est trop grande pour être corrigée, il s'ensuivra
la nécessité de tailler un nouveau corsage : de là encore perte de temps et d'étoffe ; donc encore nécessité indispensable de bien prendre les mesures de conformations, à l'aide des instruments, qui seuls les
donnent avec exactitude.

La mesure des conformations du corps, si essentielle
à connaître, sert dans plusieurs cas, pour indiquer
qu'il ne faut pas toujours suivre la nature : ainsi, par
exemple, dans la mesure de la cambrure de la taille,
il devient quelquefois nécessaire de modifier certaines
conformations trop cambrées, en les rapprochant un
peu des proportions que nous avons indiquées plus
haut. Le moyen d'opérer cette amélioration, est encore
expliqué à l'appendice qui termine ce traité.

TROISIÈME MESURE DE CONFORMATIONS.

CAMBRURE DU DOS AU-DESSUS DE LA TAILLE.

Cette mesure fait connaître la cambrure du dos,
prise du haut du dos au-dessus de la taille, à une distance de 5 ou 8 centimètres environ du bas du dos,
suivant la longueur du buste.

La nécessité de cette mesure est déterminée par
le besoin de connaître le degré de concavité du dos
entre la taille et le milieu des épaules.

Il est d'autant plus indispensable de la prendre, qu'elle varie dans des proportions assez grandes pour nécessiter des changements dans la coupe ou dans la confection, ainsi que nous l'avons remarqué en mesurant des hommes sur lesquels le dossimètre marquait o à la taille et o au-dessus de la taille, tandis que d'autres hommes présentaient une conformation sur laquelle cet instrument marquait 6 degrés de profondeur du dos au-dessus de la taille et o à l'endroit juste de la taille. Ces divers profils du dos sont très difficiles à bien saisir. Le plus sûr moyen de les habiller, consiste à creuser le côté du corsage pour moitié du degré de concavité, et de tendre avec discernement le bas de ce corsage, pour l'autre moitié, sur le derrière de la basque pour aider la coupe.

Si au contraire on néglige ce moyen et qu'on veuille creuser le corsage suivant tout le degré de concavité, l'effet produit par cette coupe n'aura pas la perfection nécessaire, parce que le développement de l'angle de la taille agira trop sous le bouton vers les plis des basques, et n'agira plus assez autour des hanches.

Les dos dont la cambrure au-dessus de la taille n'excède pas 4 degrés, sont très gracieux; mais lorsque la cambrure est plus profonde, il faut la ouatter de la différence pour la ramener aux proportions régulières.

Le dossimètre sert à prendre les mesures suivantes :

1o La courbure du haut du dos, prise du milieu du dos à la nuque, à la place même où doit s'attacher le collet.

2o La courbure du bas du dos, prise du milieu du dos à la taille.

3o La courbure du dos prise du milieu du dos au-dessus de la taille.

4° La courbure, horizontale du dos, prise de chaque côté de l'épaule.

Pour bien saisir la manière de se servir de cet instrument, il faut jeter les yeux sur les figures 141 et 142, qui représentent une application du dossimètre.

Les trois premières mesures qui viennent d'être indiquées sont obtenues par une seule application de l'instrument que l'on tient par sa partie supérieure, de manière que l'index soit placé derrière le n° 49 et le pouce sur le n° 45. Dans cet état, l'on place le dossimètre en ligne perpendiculaire sur l'épine dorsale, et le faisant légèrement appuyer par la pression du pouce sur cette partie du corps, on en tient la partie inférieure placée à l'élévation ordinaire de la taille. J'entends par élévation ordinaire de la taille, la ligne horizontale qui se trouve un peu plus bas que le niveau du dessus des hanches. Dès que le fil à plomb est bien perpendiculaire, on mesure avec le triple décimètre la distance :

1° De la nuque au dossimètre ;

2° De la courbure des reins au dossimètre ;

3o De l'éloignement de la taille au dossimètre.

Ces mesures sont données par l'échelle marquée sur le triple décimètre.

QUATRIÈME MESURE DE CONFORMATIONS.
COURBURE HORIZONTALE DU DOS.

La mesure horizontale du dos, prise avec le dossi-

mètre, fait connaître le degré d'inclinaison de chaque
côté de cette partie du corps, depuis l'épine dorsale
jusqu'au derrière de l'épaule, et détermine la différence de forme qui existe entre chaque côté du dos.
La forme horizontale du dos varie de zéro à 10 degrés,
selon sa largeur naturelle, sa forme plus ou moins
arrondie vers l'épaule, et la largeur plus ou moins
grande que l'on veut donner à la carrure du dos par
la variété des coupes.

La forme horizontale du dos ne détermine pas plus
celle de l'épine dorsale, que cette dernière ne détermine la précédente, puisqu'elle varie dans ses conformations extrèmes, de zéro à 10 degrés, suivant la
taille et la grosseur des hommes, et dans toutes les
différentes courbures du buste : cependant la conformation du dos, la plus arrondie vers l'épaule, appartient le plus ordinairement aux dos qui sont les plus
courbés longitudinalement.

Les hommes droits à l'excès, qui ont le derrière de
l'épaule assez élevé pour que le dossimètre marque
zéro, ont l'épine dorsale enfoncée ; ceux qui, au contraire, ont une forme de dos arrondie dans tous les
sens, et dont l'application horizontale du dossimètre
marque un chiffre élevé, ont l'épine dorsale saillante.
Un homme peut-être ou très courbé, ou très droit, et
marquer zéro de mesure horizontale. L'homme d'une
moyenne taille, d'une grosseur de 49 centimètres du
haut du buste, se tenant très droit, portant une largeur
de carrure de 17 centimètres, et ayant 5 ou 6 degrés
de courbure horizontale du dos, aura nécessairement

le buste plus rond que l'homme qui, avec la même courbure du haut du dos, marquerait zéro de courbure horizontale : il faudra alors faire un changement considérable dans la coupe de l'emmanchure et dans celle du dos, pour habiller ainsi les hommes qui marqueraient zéro. Les emmanchures devront être plus grandes par derrière, à cause de l'épaisseur, ou , pour mieux dire, de l'élevation du derrière de l'épaule ; mais les hommes qui auront de 5 à 6 degrés de courbure horizontale du dos, devront être habillés avec une coupe d'emmanchures plus profondes par devant et beaucoup moins ouvertes par derrière.

Si la différence extrême des conformations dont il s'agit, nécessite un grand changement dans la coupe de l'emmanchure , il en sera de même à l'égard de la coupe du dos, puisque , pour l'homme qui marque zéro, il faut qu'il soit taillé creux par derrière à plusieurs degrés, tandis que pour le dos courbé de 5 à 8 degrés horizontalement , cette coupe devra être droite.

La conformation des hommes dont le dos est très incliné vers l'épaule , peut-être facilement améliorée , en faisant descendre la garniture de la pointe inférieure de l'épaulette jusque sur la couture de côté. On peut encore, si on le juge préférable, ouatter le défaut de l'épaule, selon le degré de l'imperfection, qui dans quelques cas peut obliger à ouatter jusqu'à quatre centimètres d'épaisseur, mais alors, il faudra écrire deux mesures , savoir: celle de la forme naturelle du dos, et celle de la forme que l'on cherche à obtenir à l'aide de la garniture ; c'est pour cette dernière que la coupe devra être faite.

Cette mesure se prend en plaçant horizontalement le dossimètre au milieu du dos, d'une épaule à l'autre, de telle sorte que le numéro qui doit indiquer la largeur de la carrure, se trouve placé juste au milieu de l'épine dorsale.

A l'aide du triple décimètre, on marque le degré d'éloignement qui existe entre l'inclinaison du dos et l'instrument. Cette opération doit se répéter pour chacune des épaules.

Elle sert aussi à indiquer la coupe de la manche qui doit habiller chaque degré de courbure horizontale du dos.

CINQUIÈME MESURE DE CONFORMATIONS.

HAUTEUR DES ÉPAULES.

Cette mesure fait connaître la hauteur des épaules, et indique leur degré d'inclinaison ; et en admettant l'hypothèse qu'il fût possible de tailler parfaitement, suivant les divers degrés d'attitude du corps, par les moyens en usage, il n'en serait pas moins d'une indispensable importance de bien connaître la hauteur des épaules. En effet, cette mesure est l'une des plus essentielles à l'art du Tailleur, puisqu'elle subit la différence des conformations, et que la variété de ces conformations est pour ainsi dire infinie, si on observe depuis le plus petit enfant jusqu'à l'homme de la taille la plus élevée , et celui dont le buste est le plus mince jusqu'à l'homme de la plus forte corpulence.

La même observation se reproduit encore dans toute sa vérité en ce qui concerne les corsages des dames ; le principe étant le même, son application est également nécessaire pour les habillements de l'un et l'autre sexe.

La connaissance de la hauteur des épaules a pour résultat de faire placer l'emmanchure à l'articulation du bras ; mais, pour bien réussir dans cette application et en rendre le succès plus infaillible , il importe de prendre avec le plus grand soin la mesure de la base postérieure du cou au tour d'emmanchure.

S'il pouvait entrer dans la pensée du tailleur, de contester l'utilité de la mesure des épaules considérées quant à leur hauteur , leur pente et leur largeur, il ferait croire qu'il n'a jamais mis en parallèle deux coupes de corsages faites pour les extrêmes de ces conformations. Il existe entre ces deux coupes une différence tellement grande , qu'elle démontre par elle-même la nécessité absolue d'obtenir les moyens de les tailler, et de connaître encore les différences auxquelles il faut avoir égard pour habiller tous les degrés intermédiaires à ces deux extrêmes.

Les corsages qui , sur le point dont nous parlons, ont la forme la plus opposée l'une à l'autre, sont ceux qui appartiennent, l'un à un homme très droit qui aura le dos creux et dont les épaules mesurées avec l'épaulimètre marqueront 9 degrés ; l'autre à un homme dont le dos sera très bombé et les épaules seront au premier degré sur l'instrument.

L'épaulette du corsage destiné à un homme au dos courbé et aux épaules hautes, devra être relevée outre la mesure ordinaire, et celle destinée à la conformation contraire, devra avoir une coupe tout opposée.

Lorsqu'un homme a le dos arrondi et les épaules très hautes, son cou est le plus souvent très court : le seul moyen d'améliorer cette conformation, c'est le soin de ne pas la rendre plus disgracieuse encore par des collets trop élevés, par une trop grande ampleur du haut des manches, et en dégageant celles-ci de toute épaisseur inutile vers les emmanchures. Rien ne produit un plus mauvais effet que des manches bouffantes sur des épaules élevées.

Une manche peut être assez large pour ne pas gêner les mouvements de l'articulation, sans que sa forme s'élève au-dessus du niveau d'une épaule déjà trop haute par sa nature.

Mais s'il arrive parfois qu'un homme ait le cou très haut et les épaules très élevées, on pourra encore améliorer cette conformation, 1° en taillant le corsage pour deux degrés plus bas d'épaule que la mesure indiquée par l'instrument ; 2° en ouatant la différence par une épaisseur proportionnée à l'encolure qui devra s'amoindrir à rien du côté de l'emmanchure.

Pour nous convaincre nous-même de l'utilité de la mesure dont nous nous occupons ici, nous avons mesuré, à l'aide de l'épaulimètre, les plus belles statues du musée du Louvre, et nous avons reconnu que le type de la beauté et de la régularité des épaules variait de 4

**

à 5 degrés chez les hommes, et de 5 à 6 chez les femmes ; ainsi, toutes les améliorations ascendantes et descendantes que l'on peut obtenir à l'aide de la mesure de la hauteur des épaules, ont pour but de rapprocher, autant que possible, les conformations les plus opposées des belles proportions adoptées par les plus habiles statuaires.

Nous devons encore faire remarquer ici que pour des militaires, par exemple, des épaules trop basses ne sont pas aussi gracieuses que celles qui marqueraient de trois à quatre degrés ; il faut alors que le dessous de l'épaulette que porte l'officier soit plus fortement garni, afin qu'elle ait une pose assez horizontale.

La coupe de l'encolure d'un corsage d'uniforme, destiné à un homme dont les épaules sont trop basses, doit être faite de façon à n'avoir besoin d'aucune garniture à l'attachement du collet, et l'emmanchure doit au contraire être taillée de manière à pouvoir être garnie vers l'attachement de la manche ; sans cette précaution, il est difficile, pour ne pas dire impossible, de faire un uniforme gracieux pour cette conformation.

Pour les habillements de dames, tels que des amazones, il est plus facile d'améliorer la conformation d'épaules trop élevées : en taillant l'épaulette du corsage un peu plus large que le dessus de l'épaule, la manche se trouve attachée plus bas sur la pente du bras, et le volume de cette manche ; loin de se relever comme celui des manches placées sur les épaulettes de corsages d'hommes, est au contraire forcé de suivre

l'inclinaison sur laquelle elle est placée. Il faut cependant avoir soin de ne pas abuser du bénéfice de la largeur de l'épaulette, dans la pensée de donner de la
grâce aux épaules ; car en faisant l'épaulette trop large,
loin d'améliorer la conformation, on dessine l'imperfection d'une manière tout-à-fait disgracieuse ; une
épaulette taillée trop large, marque nécessairement
deux conformations à la fois, car le poids de la manche fait fléchir l'épaulette à la place même de la largeur
naturelle de l'épaule, et en fait par là ressortir toute
la hauteur, et le surplus de la largeur de l'épaulette
marque plus bas, par une pente trop rapide vers l'inclinaison du bras, la conformation factice que l'on
voulait obtenir.

L'Épaulimètre marque 9 degrés. Le numéro 9 indique les épaules les plus basses ; le numéro un, les
épaules les plus élevées.

L'application de cet instrument se fait en le plaçant
sur l'épaule, ainsi que l'indiquent les deux figures
n°s 139 et 140 de ce traité.

Il ne doit pas être placé en biais, mais plutôt en
travers, comme, par exemple, une épaulette d'officier.
On doit le tenir d'une main et appuyer de l'autre sur
la partie qui traverse l'épaule, afin qu'il pèse également sur toute la largeur de l'épaule, à partir du pied
de la cravate.

Cette mesure, qui doit se prendre ou à nu ou sur le
gilet et non sur l'habit, étant prise avec soin et exactitude, a pour résultat d'indiquer la hauteur de l'articulation de l'épaule.

Sur la figure 139, l'épaulimètre est au premier degré, donné par les épaules les plus élevées.

Sur la figure 140, il est au 9ᵉ degré, produit par les épaules les plus basses.

LARGEUR DU DESSUS DES ÉPAULES.

Cette mesure se prend par la même application de l'épaulimètre, à l'aide de la base graduée de cet instrument. Elle varie de plusieurs degrés dans la même grosseur du haut du buste, 1ᵒ par la conformation des épaules; 2ᵒ par la grosseur naturelle du cou; 3ᵒ enfin, selon le volume de la cravatte.

La connaissance de la largeur du dessus de l'épaule, combinée avec celle du dos et la circonférence du cou, est indispensable pour tailler avec certitude l'encolure, l'épaulette et l'emmanchure.

Pour que cette mesure soit prise exactement, il faut que l'épaulimètre touche, par un bout, à la cravate. A l'aide du triple décimètre qu'on applique en long sur le bras au-dessous de l'épaule, l'on obtient la connaissance parfaite de la largeur de l'épaule, en observant sur l'échelle marquée sur la base de l'instrument, le nombre de degrés existant depuis l'extrémité de l'instrument adhérente à la cravate et le point auquel le triple décimètre vient se joindre à cet instrument.

Cette mesure a pour but de profiter de tous les avantages de la largeur plus ou moins grande du dessus de l'épaule, afin de donner le plus de largeur possible à la coupe de l'épaulette. De cette manière on peut élargir gracieusement le haut du buste, ainsi que cela a lieu pour l'habillement des dames.

Mais cette coupe, poussée à l'excès, devient gênante.

Il était utile cependant de donner l'indication de cette mesure qui permet de satisfaire des goûts différents.

SEPTIÈME, HUITIÈME ET NEUVIÈME MESURES DE CONFORMATIONS.

DIAMÈTRE DU CORPS, A L'AIDE DU CORPIMÈTRE.

Diamètre pris au-dessus des hanches, sur le gros des hanches, et du ventre au dos.

La mesure des trois diamètres du corps, prise avec le compas métrique ou corpimètre, est d'une nécessité incontestable pour connaître les différences qui existent dans la forme du bas du buste pour chaque degré de sa circonférence. Il peut se présenter des hommes d'égale grosseur, ayant les mêmes mesures en tous sens prises avec le ruban métrique, et pour chacun desquels il faudra pourtant une coupe particulière de pantalon, à cause de la différence de leur conformation; car il existe des hommes qui ont les hanches extrêmement développées sur le côté, et d'autres qui au contraire les ont très unies, la différence du diamètre pris à la place du gros des hanches entre ces deux conformations extrêmes varie de 0 à 10 centimètres (selon la taille des hommes), ce qui constitue la nécessité de varier la coupe pour chacun de ces 10 degrés de conformation. On comprendra facilement, ainsi que nous avons déjà eu l'occasion de le dire, que ces différences, tant dans les contrastes que dans les degrés intermédiaires qui les séparent, n'ont jamais pu être ni observées ni appréciées à l'aide des mesures ordinaires, parce que nous devons le répéter encore, ni la bande de papier, si muette, ni le ruban métrique, ne sauraient donner d'autres mesures que celles de circonférences, de longueur ou de largeur.

Les diamètres du corps indiquent seuls de quel côté se trouvent placées les protubérances qui forment la circonférence qu'il s'agit d'habiller.

Les trois mesures de conformations dont nous nous occupons en ce moment, quoique bien distinctes entre elles, semblent pourtant n'en faire qu'une, tant leur résultat sur la coupe se trouve rapproché ; en effet la 7ème mesure indique le diamètre du corps pris au-dessus des hanches sur le côté, la 8ème fait connaître le diamètre du corps pris sur le plus gros des hanches, et la différence qui se trouve entre ces deux diamètres, détermine la coupe du côté du pantalon ou de la culotte, quelle qu'en soit la forme. Si la différence entre ces deux diamètres est de dix centimètres, il faudra que le haut du côté du pantalon soit abattu de cinq centimètres de chaque côté, afin qu'il enveloppe parfaitement les hanches, et que la ceinture puisse s'appliquer naturellement au corps. Lorsque l'on aura satisfait à la nécessité de la coupe pour la conformation, des hanches, la 9ème mesure de conformation, prise du gros du ventre au dos , aidée par la mesure de circonférence du bas du buste, celle du torse [1] et celle de la grosseur du haut de la cuisse, indiquera d'une manière certaine la coupe intérieure du pantalon.

Le mérite du compas métrique est de donner tous les degrés de différences qui existent dans la conformation de deux hommes dont la circonférence est la même à la ceinture , mais dont l'un a le ventre saillant , les reins ceintrés et les hanches invisibles ; et l'autre, le ventre plat , les reins larges et les hanches très prononcées.

L'expérience nous a fait connaître qu'en appliquant le modèle propre à l'une de ces conformations à la conformation opposée, il s'en suivait que celui qui était destiné à culotter des hanches fortes , le ventre plat , les reins larges, gênait d'une manière insupportable à l'enfourchure, l'homme au ventre saillant et aux hanches invisibles ; tandis qu'en appliquant à la première le patron modèle propre à cette dernière conformation, l'enfourchure n'était pas suffisamment touchée. Alors il arrive que dans l'un ou l'autre cas la culotte manque totalement le but hygiénique de ce vêtement, qui consiste à soutenir cette partie de la conformation sans la blesser ni la gêner dans les mouvements du corps.

Si jusqu'à ce jour l'on a rencontré tant de difficultés à culotter, il en faut accuser l'absence des moyens propres à prendre une mesure exacte de la conformation du bas du torse. A l'avenir et en suivant notre méthode , cette difficulté disparaîtra.

[1] Cette mesure se prend avec le ruban métrique placé sur le gros des hanches et du ventre , en ligne horizontale.

Indépendamment des contrastes de conformations dont il vient d'être parlé, il s'en trouve encore deux qui ne sont pas représentés ici. Ce sont deux hommes qui ont le même diamètre des hanches, mais dont l'un a le ventre d'autant plus saillant, qu'il a les reins plus creux; et l'autre le ventre d'autant plus plat qu'il a les reins plus pleins. Ces deux contrastes, et tous les degrés qui leur sont intermédiaires, exigent le même développement à la coupe de l'enfourchure, quand la grosseur du haut de la cuisse est la même.

Les figures 145, 146, 147, 148, représentent les contrastes des hanches et du ventre dans la même circonférence à la ceinture, et l'application du corpimètre.

MESURES

CIRCONFÉRENCES, LONGUEURS ET LARGEURS

PRISES AVEC LE RUBAN MÉTRIQUE.

—————

PREMIÈRE MESURE.

GROSSEUR DU COU.

La mesure de la grosseur du cou a pour résultat de
déterminer la coupe de l'encolure et celle du collet. Si
l'on veut faire un habit d'uniforme, la grosseur du cou
sera prise sur un col semblable à celui qu'on portera
avec cet habit. Pour faire des habillements de ville, l'on
devra prendre mesure sur une cravate du volume ordinaire de celle qu'on a l'habitude de porter. La différence du volume de la cravate exige pour la perfection,
une coupe d'encolure spéciale pour chaque grosseur
particulière du cou ; la même différence se communi-
que à la coupe du collet, car un collet qui devra être
placé sur un col très mince, sera taillé creux à sa base,
parce que l'encolure sera plus pleine , tandis que pour
une encolure creuse et propre à une cravate volu-

8

mineuse, la base du collet doit être ou droite ou
très légèrement arrondie.

Pour les hommes dont le cou est très gras et court,
les cravates du plus petit volume remplissent les conditions de la grâce et de la santé. Pour les hommes
d'une conformation opposée, qui ont par conséquent
le cou très mince et très haut, les cravates du plus
fort volume sont préférables.

Pour élargir le plus possible le dessus des épaules,
afin de donner de la grâce à cette partie du buste, on
diminuera le volume de la cravate dans sa base, sur
chaque côté du cou, afin que l'épaulette puisse être
élargie vers l'encolure. Ce principe est applicable plus
particulièrement aux épaules hautes qui sont presque
toujours étroites.

DEUXIÈME MESURE.

DU TOUR D'EMMANCHURE [1],

Prise de la nuque au même point, et de la nuque au milieu du
dos.

Dans le cours des observations que nous avons
faites sur la nature des proportions extérieures de

[1] Eu égard à son importance, c'est par erreur que cette mesure a été
placée la dernière sur le Tableau synoptique des conformations du corps
qui fait partie de notre méthode.

l'homme, nous avons remarqué une très grande différence dans la mesure du tour d'emmanchure. Mais
c'est sur-tout en comparant une série de ces mesures,
toutes prises sur des hommes ayant la grosseur 45 du
haut du buste, que nous avons pu nous faire une juste
idée de leur différence, qui est de 8 centimètres entre
le plus ou moins de développement.

Quand, pour un homme de petite taille, le tour
d'emmanchure donnera un chiffre très élevé relativement à la grosseur du buste, il deviendra indispensable de couper le corsage, sous le bras, de l'aisselle à la
hanche. Alors on pourra donner au tour d'épaule toute
l'aisance désirable, et à la coupe de l'épaulette une largeur proportionnée à celle de la carrure, sans pour cela
avoir recours à la ouate. Car un homme de petite taille
est presque toujours assez gros; et s'il devient par
fois utile de ouater son corsage, il faut du moins le
faire avec une extrême modération.

Mais lorsque le chiffre du tour d'emmanchure sera
très élevé pour un homme très grand et de petite circonférence du haut du buste, il faudra bien se garder
de couper le corsage sous l'aisselle, dans la crainte de
dessiner son extrême maigreur. Dans ce cas, l'on devra tailler comme si la grosseur du buste était proportionnée au tour d'emmanchure, et ouatter avec art
toute la différence. Il nous est arrivé de tailler des
habits pour des hommes très grands, qui n'avaient que
45 centimètres de demi-grosseur du haut; et ces habits
auraient pu servir pour la grosseur 53 du haut, en les
dégageant de toute espèce de garnitures, mais en ten-

8*

dant un peu l'emmanchure à l'aisselle et sur l'os du dessus de l'épaule. L'on voit par ce fait, que le même
patron-modèle peut être applicable à 9 mesures différentes de grosseur du haut du buste, pourvu que la
hauteur d'épaule, sa largeur, la courbure du haut du
dos, et la mesure du tour d'emmanchure, soient les
mêmes. Mais pour faire une heureuse application de ce
principe, il faut savoir ouater le corsage pour chaque
degré de différence dans la grosseur; ainsi, par exemple, la grosseur 53 ne sera pas du tout ouatée, celle de
45 le sera beaucoup, et les degrés intermédiaires le
seront proportionnellement à ces deux extrêmes.

Il ne faut pas oublier que pour les hommes d'une
grande taille, c'est la mesure du tour d'emmanchure
qui détermine presque toujours la largeur à donner au
corsage, à moins que par une exception très rare, il se
présentât un homme à la fois très grand, très maigre
et d'une corpulence telle que le chiffre produit par son
tour d'emmanchure appartînt à la plus petite taille
des hommes. Alors et dans ce cas seulement, il faudrait
appliquer un tour d'emmanchure d'une taille moyenne
et ouater le tour des épaules de manière à produire
l'effet d'une corpulence proportionnée.

La difficulté de bien prendre cette mesure consiste
dans l'imperfection plus ou moins grande des vêtements sur lesquels on la prend, et qui souvent s'éloignent du haut du dos en faisant plus ou moins la hotte,
ou bien encore parce qu'ils sont mal garnis.

Pour vaincre cette difficulté, il faudra déboutonner
l'habit qui aurait cette imperfection, et après en avoir

rapproché l'encolure du cou, en le faisant basculer vers la taille, l'on pourra alors prendre cette mesure avec exactitude, même sur l'habit le plus imparfait.

La mesure du tour d'emmanchure produit deux chiffres, savoir : celui qui indique la longueur qui part de la nuque pour revenir au même point par le tour d'épaule, et celui qui indique la longueur de la nuque au milieu du dos, à la hauteur de l'aisselle.

Pour bien prendre cette mesure, il faut d'abord avoir égard aux imperfections des vêtements sur lesquels on va la prendre, et s'assurer de l'épaisseur de leurs garnitures, souvent inutiles et presque toujours trop volumineuses. Pour plus de sécurité, la mesure du tour d'emmanchure doit être prise d'abord sur le gilet et ensuite sur l'habit. Elle se prend, en plaçant la tête du ruban métrique à la base postérieure du pied du collet, en haut de la couture du dos en faisant suivre ce ruban sur le dessus de l'épaule, sur le devant de l'emmanchure, sous l'aisselle, et en le faisant remonter à son point de départ. On marquera alors la longueur de la nuque à la nuque, et par la même application on s'assurera du degré d'ouverture à donner à l'emmanchure en écrivant le chiffre donné par la longueur de la nuque au milieu du dos. Pour que la mesure prise sur l'habit soit en harmonie avec celle prise sur le gilet, il faut qu'il y ait de 3 à 5 centimètres de différence, selon la taille des personnes et l'épaisseur de la garniture intérieure de l'habit.

TROISIÈME MESURE.

GROSSEUR DU HAUT DU BUSTE.

Cette mesure exige une attention relative à son importance dans la coupe du corsage ; le chiffre qu'elle donne indique les proportions à suivre dans la coupe, d'après les mesures de conformation et la taille. Si le ruban métrique n'est pas posé bien horizontalement, le chiffre produit sera inexact, parce qu'une ligne droite est plus courte qu'une ligne oblique ; et par cette raison facile à comprendre, le vêtement sera trop large si on n'a pas pris cette mesure dans les règles prescrites.

Chez les hommes dont le buste a la forme cylindrique ou conique, la grosseur du haut du buste est facile à prendre, et il est très rare que le ruban métrique ne prenne pas de suite une pose parfaitement horizontale tout autour du corps. Mais pour ceux dont le buste a la forme du cône renversé, et qui sont beaucoup plus gros du haut que du bas, il arrive très souvent, par l'habitude qu'on a de se placer en face de la personne à laquelle on veut prendre mesure, qu'on la leur prend trop étroite, En effet, étant placé ainsi par devant, l'on ne peut pas voir si le ruban se trouve placé par derrière à la même élévation que le niveau du dessous de l'aisselle, ainsi que cela doit être. Il est donc important d'y porter toute son attention et de prendre cette mesure de manière que la personne qu'on

doit habiller, ne soit gênée ni dans sa respiration ni
dans ses mouvements.

La grosseur du haut du buste provoque trois observations essentielles.

La première indique qu'il faut varier la coupe à cause
de la taille.

La seconde qu'on varie la coupe en raison de l'aplomb.

La troisième qu'on varie la coupe en raison de l'espèce ou du genre de vêtement.

La grosseur du haut du buste doit être prise avec
exactitude et discernement. Une des grandes difficultés
de l'art du tailleur que personne n'a encore trouvée le
moyen de vaincre, consiste à savoir quel degré de
largeur il faut donner au corsage pour les différentes
tailles qui ont la même grosseur du haut du buste. La
ouate est d'une grande utilité dans la confection d'un
habit, pour un homme de très grande taille, maigre
et droit du corps, En établissant les garnitures inté-
rieures, le tailleur doit alors chercher à rapprocher
ses formes de celles de l'Apollon.

En effet, un homme très petit, qui aurait 44 centimètres de grosseur du haut, devra être habillé ajusté
pour être bien, et l'homme très grand qui n'aura que
44 centimètres également du haut, serait indignement
habillé, si malgré l'identité des mesures de grosseur,
on lui appliquait la même coupe.

Chez l'homme très grand, qui aurait le dessus de
l'épaule très étroit, il devient indispensable d'aider sa
conformation en ouatant tout le tour de l'emmanchure
afin de lui élargir le buste.

Lorsque le dessus de l'épaule de l'homme très grand et mince, sera large, il suffira de ouater le dessous du bras et la poitrine.

Une épaulette est étroite pour un homme de taille moyenne qui a 5 degrés de hauteur d'épaule, lorsqu'elle n'a, avec un col, que 12 centimètres; elle est large lorsqu'elle en a 15.

En prenant la mesure de la grosseur du haut du buste, il faut :

1" Placer bien horizontalement le ruban à la hauteur du dessous de l'aisselle, à un centimètre environ de l'emmanchure. C'est de cette pose parfaitement horizontale que dépend l'exactitude de la mesure.

2º S'assurer de la grosseur réelle du corps en serrant un peu le ruban.

3º Fixer la largeur à donner au corsage, en indiquant le numéro produit par la mesure prise avec l'aisance nécessaire pour ne pas comprimer la respiration. Ainsi une mesure sera bien prise; si, pour un homme qui aura donné 98 centimètres en serrant un peu, l'on ajoute deux centimètres pour donner à la respiration toute l'aisance nécessaire.

QUATRIÈME MESURE.

GROSSEUR DU BAS DU BUSTE.

Pour bien prendre cette mesure, il faut procéder de manière à connaître la grosseur réelle du corps, peu importe l'âge de la personne et la forme du vêtement qu'elle pourra désirer. Car , avec la connaissance de la grosseur réelle , l'on peut faire des habits plus larges pour les vieillards et les hommes maladifs , plus étroits pour les jeunes gens , et semblables à la grosseur naturelle du corps pour le plus grand nombre des hommes ; tandis qu'avec une mesure trop serrée qui comprime la grosseur naturelle , ou une mesure prise plus large que cette grosseur, il y a impossibilité de procéder avec certitude dans la coupe.

De tous les vêtements destinés aux différents usages de la vie , le plus étroit du bas du buste doit être l'habit de grande toilette , le plus large devra être celui destiné à l'usage du cabinet , car un homme assis grossit encore par l'affaissement que produit cette position.

Pour les jeunes gens qui veulent mettre à profit les avantages d'une taille gracieuse , nous avons très souvent coupé des habits de grande toilette de deux centimètres plus étroits que la largeur réelle de leur corps ; et les redingotes d'un centimètre plus larges que l'habit. Pour les vestes de chasse , nous avons taillé le bas du corsage pour la grosseur réelle de la ceinture. Quant aux robes-de-chambre nous leur avons donné le degré d'ampleur voulu par le genre , la grâce et la commodité nécessaire à ce précieux vêtement.

Pour les hommes qui ont de 44 à 50 centimètres de grosseur du bas du buste , il est possible de faire des habits plus étroits que la grosseur de leur corps, de 3 à 5 centimètres , mais pour exercer une aussi forte pression , nous avons reconnu qu'il était indispensable de

faire usage de la ceinture-corset : il est de règle, pour
les hommes qui veulent être bien habillés, qu'il faut
que la ceinture du pantalon et le bas du gilet soient
ajustés suivant la largeur qu'on veut donner à l'habit.
Un gilet et un pantalon trop larges à la ceinture, produisent toujours un effet disgracieux sous un habit boutonné qui comprime le bas du buste.

Cette mesure se prend au-dessus des hanches, à la
base de la ceinture du pantalon. Elle doit toujours
indiquer la grosseur naturelle.

CINQUIÈME MESURE.

LONGUEUR DU DEVANT DU GILET.

Cette mesure se prend en appliquant la tête du ruban
métrique à un centimètre au-dessus de la base du devant de la cravate et en faisant descendre ce ruban
jusqu'à la place où doit arriver le bas du gilet, selon la
mode ou le goût. Elle ne peut être très exacte dans ses
résultats que lorsqu'on est assuré que l'épaulette du
corsage a un parfait aplomb, et que l'encolure de ce
corsage se trouve taillée en rapport avec la grosseur
du cou. Avec la mesure des conformations, celle de la
grosseur du cou et celle de la longueur du gilet, il
est impossible de ne pas réussir complétement dans la
coupe de cette partie si essentielle du costume. La mesure de la longueur du devant du gilet sert également à
fixer celle des revers de l'habit ou du corsage de la redingote. Lorsque toutes ces longueurs sont en harmonie avec la hauteur de la ceinture du pantalon,
l'ensemble de la toilette se trouve parfait.

SIXIÈME MESURE.

LONGUEUR DU PETIT COTÉ PRISE DE L'AISSELLE AU-DESSUS DES HANCHES.

En prenant la distance qui sépare la hanche de l'aisselle, cette mesure donne le moyen de tailler le corsage suivant la proportion naturelle de cette partie du buste et celle de la longueur de la taille.

La longueur du petit côté varie suivant les différents degrés de hauteur d'épaules : à quelques exceptions près, les hommes qui ont les épaules très basses ont toujours les hanches très rapprochées du dessous des bras, tandis que ceux qui ont les épaules hautes ont au contraire le petit côté long.

Lorsqu'on voudra faire la taille plus longue ou plus courte que le dessus des hanches, il faudra écrire deux chiffres pour la longueur du petit côté, savoir : celui de sa longueur réelle et celui de la longueur totale à donner au corsage, à cause du plus ou du moins de longueur à donner à la taille.

Au moment où l'on prend mesure, la personne mesurée doit serrer le plus possible son habit au bas de la taille, afin de découvrir par cette pression d'un instant la place où ses hanches sont dessinées ; alors on place la tête du ruban métrique à l'aisselle, et le laissant tomber au-dessus des hanches, l'on marque le chiffre indiqué par les longueurs qu'on veut obtenir.

SEPTIÈME MESURE.

HAUTEUR DU COLLET.

La hauteur du collet est une des mesures qui varie le plus par rapport à la conformation, au goût ou à la mode : elle se prend en appliquant la tête du ruban métrique à la place où doit monter le collet, et en le faisant descendre à l'encolure, après s'être assuré que cette partie est parfaitement en harmonie avec la base du cou.

Dans notre système d'habillement, un collet bien fait ne doit jamais monter assez haut pour gêner les mouvements de la tête, ni être assez bas pour laisser le cou trop à découvert.

Pour les hommes de la plus grande taille, qui ont le cou le plus haut, les collets les plus élevés ont de 9 à 10 centimètres de hauteur ; pour les hommes qui ont le cou le plus bas, les collets ont de 5 à 6 centimètres. Il résulte de cette observation que la généralité des collets a presque toujours, malgré les exagérations de la mode qui font exception, de 7 à 8 centimètres de hauteur.

HUITIÈME MESURE.

LONGUEUR DE LA TAILLE QU'ON PEUT ÉGALEMENT NOMMER LONGUEUR DU DOS.

Avant que l'art de s'habiller eût atteint le degré de perfectionnement qu'on remarque aujourd'hui, la longueur des tailles variait d'une manière extrême et souvent ridicule. Tantôt la taille n'avait que 36 centimètres de longueur, tantôt elle en avait plus de 5o pour la hauteur moyenne des hommes : mais depuis que le bon goût a fait justice de toutes les exagérations dans la coupe de vêtements, les tailles ne sont plus ni trop longues, ni trop courtes. Pour l'habillement des hommes comme pour celui des femmes, la longueur des tailles a été heureusement fixée au-dessus des hanches, place que la nature semble avoir indiquée pour faciliter le développement de la grâce du corps. Les deux sexes se sont généralement si bien trouvés de la fixité de longueur des tailles placées au-dessus des hanches, que, malgré qu'on ait hasardé quelques tentatives, la mode n'a apporté que de légers changements dans cette partie du costume depuis plus de dix ans.

Il y a un rapport intime entre cette mesure et celle de la longueur du petit côté. Lorsque le petit côté est naturellement long, la longueur de la taille se trouve placée au même niveau du dessus des hanches ; mais lorsque les hanches se trouvent trop rapprochées de l'aisselle, la taille ayant besoin d'être un peu ralongée, il faut alors tailler le corsage un peu plus long vers la tête du pli des basques et calculer la longueur de la taille pour cette différence. Pour éviter de tailler le corsage plus long par derrière, lorsqu'il y aura nécessité de baisser la taille de plusieurs centimètres, il faudra le tailler plus long vers le côté des hanches, ainsi qu'il a été dit à l'article de la mesure de petit côté,

et tendre le bas de ce corsage pour tout le développement de la hanche.

Cette mesure se prend en plaçant la tête du ruban
métrique à la base du collet ; et en lui faisant suivre
l'épine dorsale, l'on écrit le chiffre indiqué par la hauteur à donner à la taille suivant celle du petit côté.

NEUVIÈME MESURE.

LONGUEUR DES BASQUES,

Prise en continuation de la mesure de la longueur de la taille,
de la place où finit le dos, jusqu'à la longueur à donner
au vêtement.

La mode et le goût peuvent faire varier la longueur
des basques : autrefois l'âge était un puissant motif
d'en varier la dimension, mais depuis quelques années
les jeunes gens ont affecté de porter des basques d'habit
tellement longues et étoffées, qu'on les aurait pris, à
quelque distance, pour des vieillards, si leur tournure
et le reste de leur costume n'avaient désabusé. Ainsi que
nous avons eu occasion de le dire, les basques trop
courtes vont mal aux hommes de petite taille ; les basques trop longues sont disgracieuses pour les hommes
de la taille la plus élevée. D'après le système d'habillement et le goût dominant, un habit ne sera jamais
ridicule si, pour une longueur de taille qui aura 42
centimètres, la basque à de 48 à 52 centimètres. Pour
un homme de 46 centimètres de taille, la basque

pourra avoir de 53 à 58 centimètres, et pour l'homme qui a 5o de taille, les basques devront en avoir de 58 à 64 centimètres. Ces proportions sont, selon nous, celles qui concilient les exigences de la mode avec le bon goût.

DIXIÈME MESURE.

LARGEUR DU HAUT DE LA MANCHE.

La largeur du haut de la manche varie de plusieurs centimètres pour la même personne, selon la mode, le genre, l'espèce et la destination du vêtement. Les manches très étroites du haut sont difficilement gracieuses à cause de la différence de conformation d'épaules, et elles ne peuvent être appliquées à toutes les conformations. Pour des épaules très basses, les manches étroites du haut sont aussi ridicules que les manches larges et bouffantes le sont pour des épaules très hautes. Les yeux s'habituent à toutes les formes d'habillement ; mais il est un fait vrai, c'est que la manche collante, ainsi qu'en portent ceux qui prétendent s'habiller à l'anglaise, a l'aspect étriqué et n'est supportable aux yeux de ceux qui s'occupent de la beauté et de l'ensemble du vêtement, que sur des formes athlétiques les plus belles ; Alors ce n'est pas la manche qui plaît, c'est la beauté du bras qui fait oublier la sécheresse de la coupe de la manche. Ces sortes de manches étroites exigent une coupe courbée pour éviter la gêne à l'articulation du coude ; mais lorsque le bras est tendu, le coude se trouve marqué

d'une manière désagréable , et le bas de la manche
se relève en se détachant du poignet. Il est de principe que plus le buste est gros et plus la manche doit
être large. Une manche étroite fait paraître le corps
plus gros encore, et par le même motif, un homme
déjà trop mince ne peut porter des manches très larges
sans le paraître encore davantage.

Bien que nous n'ayons indiqué qu'un chiffre pour
marquer la largeur du haut de la manche, il serait
pourtant utile d'en écrire deux, celui de la grosseur
naturelle du bras, et celui de la largeur à donner à la
manche.

La largeur du haut de la manche se prend à deux centimètres environ de l'aisselle, selon la mode, le goût de
la personne qu'il faut habiller, ou l'espèce du vêtement.

La règle qui repousse toutes les exagérations veut
qu'on les porte d'une moyenne largeur. Ainsi l'homme
le plus gros ne doit pas avoir plus de 25 et moins de
22 , et le jeune homme le plus mince moins de 16 et
demi et plus de 19. En sortant de ces proportions on
retombe dans des exagérations qu'il convient d'éviter.

ONZIÈME MESURE.

LARGEUR DU BAS DE LA MANCHE AU PASSAGE DE LA MAIN.

Pour donner le degré de largeur nécessaire au bas
de la manche, il faut, préalablement, s'assurer de la
grosseur de la main , recourbée en dedans et en alon-

geant les doigts les uns contre les autres. Le chiffre
produit par cette mesure détermine la hauteur de l'ouverture de la manche. Quoique nous n'ayons marqué
sur la table des mesures qu'une seule largeur du bas
de la manche, il n'en est pas moins important de mesurer la grosseur du poignet, afin que le parement soit
taillé suivant cette grosseur. Les personnes qui s'habillent avec soin adoptent généralement les manches
les plus étroites que possible au poignet, afin de faire
ressortir la grâce du bras et celle de la main.

L'on reconnaît une mauvaise coupe de manche
quand la proportion de la largeur n'est pas combinée
de manière à ce que le parement soit ajusté au poignet.
Cette observation n'est pas applicable aux personnes
qui aiment l'extrême aisance. Une manche ajustée sur la
main, mais cependant assez large pour ne pas gêner
l'articulation, est beaucoup plus commode et moins
sujette à se détériorer que les manches larges et dont
la coupe est négligée.

La plus petite main d'homme peut passer à 20 centimètres de largeur et la plus forte à 28. Comme il faut
prendre toujours la moitié du produit, c'est donc 10
et 14 qu'on pourra adopter pour les extrêmes, et 12
pour le terme moyen.

DOUZIÈME MESURE.

LARGEUR DE LA CARRURE,

Connue également sous le nom d'écarrure, et vulgairement désignée par ces mots : *largeur de la coupe du dos entre les épaules.*

Cette mesure se prend en plaçant la tête du ruban métrique au milieu du dos, le bras de la personne étant placé de manière à ce que sa main se trouve en face de son visage ; dans cet état l'on marquera la largeur à donner à la carrure, la longueur du coude et celle de la manche : ces trois mesures sont tellement identiques qu'elles semblent n'en faire qu'une. En effet, la largeur du dos ne saurait varier sans faire varier également la longueur du talon de la manche qui se raccourcit ou se ralonge suivant que le dos devient large ou étroit.

La largeur du dos est relative à la grandeur qu'on veut donner à l'emmanchure, et, par la raison qu'il peut y avoir sept différents degrés d'emmanchure de la plus petite à la plus grande, il peut aussi y avoir, pour la même grosseur du haut du buste, sans sortir des règles d'une belle proportion dans la coupe, sept largeurs différentes de la coupe du dos. Mais cette règle ne peut pas être d'une application générale, ainsi qu'on va le voir par le tableau suivant, qui indiquera

comment il est possible de varier la coupe de la largeur du dos suivant les différentes grosseurs du haut
du buste, depuis l'homme le plus mince jusqu'à
l'homme le plus gros. L'homme très mince a besoin
d'une mesure qui lui élargisse les épaules et le dos.
L'homme très gros doit éviter au contraire tout ce qui
peut le grossir encore. Il suit de cette observation, que
l'on agirait sans ordre et sans principe, si l'on n'ob-
servait les justes proportions à donner à la largeur du
dos, proportions que nous indiquons ici :

Pour un homme qui aura de 39 à 41 centimètres de
grosseur du haut du buste, la largeur du dos pourra
varier sept fois; le plus étroit devra avoir 13 centimètres 5 millimètres, le plus large 16 centimètres 5 millimètres ;

Pour l'homme le plus gros du haut du buste, que
nous supposons avoir 65 centimètres pour la moitié
de sa grosseur, la largeur de la coupe du dos ne doit
varier que d'un centimètre ¹/₂ du plus étroit au plus
large, le plus étroit aura 19 centimètres et ¹/₂, le plus
large 21 centimètres.

Tableau de la largeur possible à donner au dos dans les justes proportions voulues par les règles d'une coupe avantageuse, selon la grosseur et la confor-mation , le goût et l'espèce de vêtement.

de 39	à 41	de grosseur du haut de	¦13 ¹/₂	à 16 ¹/₂
» 41	43	d°	» 14	17
» 43	45	d°	» 14 ¹/₂	17 ¹/₂
» 45	47	d°	» 15	18
» 47	49	d°	» 15 ¹/₂	18 ¹/₂
» 49	51	d°	» 16	19
» 51	53	d°	» 16 ¹/₂	19
» 53	55	d°	» 17	19
» 55	57	d°	» 17 ¹/₂	19 ¹/₂
» 57	59	d°	» 18	19 ¹/₂
» 59	61	d°	» 18 ¹/₂	20
» 61	63	d°	» 19	20 ¹/₂
» 63	65	d°	» 19 ¹/₂	21

Il est de principe que les vêtements que l'usage rend habituels , tels que les redingotes destinées à être portées sur l'habit, les vestes de chasse, les robes-de-chambre et généralement tous les vêtements où l'on recherche la commodité autant que la grâce, doivent avoir de grandes emmanchures et conséquem-ment des dos en rapport avec ces emmanchures.

Lorsque l'on prendra mesure de la largeur de la car-rure , l'on aura donc égard à la grosseur du haut du buste, et on la fixera selon le degré de grandeur qu'on désirera donner à l'emmanchure , en ayant égard aux observations que nous avons données sur l'application des différentes largeurs du dos, selon leurs conforma-tions.

TREIZIÈME ET QUATORZIÈME MESURES,

N'étant pour ainsi dire qu'une seule mesure avec la onzième qui donne trois chiffres progressifs.

Il y a plusieurs genres de longueurs de manches : les plus courtes sont celles qui n'arrivent qu'au poignet et qui laissent toute la main à découvert ; ce sont les plus élégantes, parce que, pour augmenter un peu leur longueur, on laisse dépasser la manchette de la chemise. Les manches les plus longues sont celles dont le parement vient couvrir la main jusqu'à la naissance des doigts : rien n'est plus incommode et moins gracieux que ce genre, qui n'est avantageux qu'à celui qui a des motifs pour cacher sa main.

Entre ces deux extrêmes, il y a une longueur moyenne qui est généralement adoptée.

QUINZIÈME MESURE.

GROSSEUR DU HAUT DE LA CUISSE.

Il y a dans cette mesure deux choses bien distinctes : la grosseur naturelle et la largeur à donner au pantalon. Il est utile de connaître la grosseur naturelle, non pour faire le pantalon collant sur la peau, mais pour avoir une base fixe qui détermine cette largeur

selon la conformation du ventre et le genre du pantalon. En effet, rien n'est plus disgracieux qu'un
pantalon étroit des cuisses, porté par un homme
dont le ventre est fort proéminent.

Les hommes très minces du bas du buste, qui ont
des proportions régulières, peuvent toujours porter des
pantalons étroits : la mesure du haut de la cuisse doit
être prise du côté gauche, à moins qu'il n'y ait exception
au motif qui veut que cette mesure soit prise plutôt de
ce côté que de l'autre.

Cette mesure se prend en passant la tête du ruban
métrique à l'enfourchure, et en lui faisant suivre horizontalement le tour du haut de la cuisse.

SEIZIÈME MESURE.

GROSSEUR DU GENOU.

La grosseur du genou sert de guide dans la coupe de
la culotte, du pantalon collant et du pantalon dessinant le genou. Elle ne doit jamais être prise de manière à comprimer : toute compression au genou serait
insupportable dans une culotte courte.

Vouloir comprimer le genou pour amoindrir son
volume, c'est vouloir faire ressortir davantage son
imperfection. Plus le genou sera gros, et moins il faudra le dessiner rigoureusement.

Cette mesure se prend sur la rotule, telle que la
nature la donne, sans serrer le ruban.

DIX-SEPTIÈME MESURE.

GROSSEUR DU JARRET.

La grosseur du jarret est indispensable à connaître pour la coupe du pantalon collant et celle de la culotte courte ; elle doit être prise telle que la nature la donne, car c'est la compression forcée de la jarretière qui a fait donner la préférence aux pantalons collants.

DIX-HUITIÈME MESURE.

GROSSEUR DU MOLLET.

La grosseur du mollet doit se prendre de façon à éviter toute gêne : un pantalon trop étroit du mollet peut provoquer des crampes.

Pour l'amélioration des formes, il faut toujours avoir égard à la taille ; mais pour l'amélioration du gras de la jambe, il faut avoir égard aussi aux proportions du jarret et du bas de jambe. Ainsi, par exemple, si un homme de moyenne taille a le jarret très gros, il aura 34 centimètres environ ; le mollet ne devra pas avoir moins de 39 centimètres pour que la jambe paraisse ce qu'elle devrait être.

DIX-NEUVIÈME MESURE.

GROSSEUR DU BAS DE LA JAMBE.

La grosseur du bas de la jambe doit être prise un peu au-dessus de la cheville, à l'endroit le plus mince de la jambe; cette mesure peut être un peu serrée sans inconvénient pour donner plus de grâce à la jambe. Elle n'est utile à connaître que pour faire le pantalon collant ou la guêtre.

VINGTIÈME MESURE.

GROSSEUR DU COUDE-PIED.

Cette mesure se prend en embrassant, avec le ruban métrique, la grosseur du pied prise du derrière du talon au coude-pied. Pour faire des pantalons collants, il est essentiel d'avoir cette mesure, afin de savoir si elle ne donne pas un chiffre plus élevé que la mesure du jarret. Pour l'homme qui a le talon et le coude-pied beaucoup plus volumineux que le jarret, il y a impossibilité pour lui de porter des pantalons collants, à moins qu'il ne fasse usage d'un caleçon fourré.

VINGT-UNIÈME MESURE.

DE L'ENFOURCHURE AU JARRET.

Propre à la culotte courte et au pantalon collant.

VINGT-DEUXIÈME MESURE.

DE L'ENFOURCHURE AU MILIEU DU MOLLET.

Propre à la culotte à mollet, et de nature à fixer la hauteur du mollet dans la coupe du pantalon collant.

VINGT-TROISIÈME MESURE.

DE L'ENFOURCHURE AU-DESSUS DE LA CHEVILLE,

Donnant la longueur du pantalon collant.

VINGT-QUATRIÈME MESURE.

DE L'ENFOURCHURE A LA SEMELLE.

Cette mesure sert de base pour fixer la longueur de tous les autres genres de pantalons.

Ces quatre mesures, qui sont bien distinctes, n'en font pourtant qu'une seule qui marque quatre chiffres progressifs , et qu'on nomme mesure complète de l'écart [1]. Cette mesure est la plus difficile à prendre et la plus importante pour la coupe du pantalon et des culottes; quand elle est mal prise la coupe est toujours défectueuse. Si l'écart a été pris trop long, le pantalon ne monte pas assez sur les hanches ; si par contraire il a été pris trop court, il monte trop haut de tout ce qui manque au bas de la jambe. Pour un pantalon large il est quelquefois possible de corriger les défauts provenant d'une mesure mal prise; mais si une culotte courte, un pantalon collant, un pantalon à guêtres ont été taillés seulement d'un centimètre trop court d'écart, le défaut est incorrigible. Pour prendre parfaitement la mesure dont il s'agit, il faut que la personne étant debout, ait les jambes écartées de manière à ce qu'il y ait environ 6o centimètres de distance d'un talon à l'autre. Dans cette position l'on posera la tête du ruban métrique en haut de l'enfourchure, et lui faisant suivre toutes les sinuosités de la jambe jusqu'à la semelle, l'on marquera : 1o le chiffre donnant la longueur du jarret, 2o celui de la longueur du mollet, 3o celui de la longueur du pantalon collant, et 4° celui de la longueur totale de l'écart. A l'aide de cette mesure, lorsqu'elle est bien prise, il devient possible de tailler tous les genres de pantalons avec sécurité ; et si les tailleurs veulent bien comprendre toute l'importance de son

---

[1] En parlant de l'écart, l'on dit aussi l'enfourchure, l'évidure, la fourche, le fourchet ou l'entre-cuisse. Nous faisons connaître tous ces termes afin d'être plus généralement et plus facilement compris.

exactitude, afin de s'en assurer, ils prendront cette mesure plutôt deux fois qu'une.

La mesure de l'écart ainsi prise est la mesure de l'homme quand le pantalon doit être le plus long possible. Elle indique aussi la longueur réelle du pantalon. Mais pour le pantalon dont la longueur descend moins bas suivant la mode, le goût ou le genre, l'on diminue la longueur d'autant de centimètres que la longueur à donner au pantalon l'exige : cette observation est également applicable à la mesure de côté du pantalon.

VINGT-CINQUIÈME MESURE.

LONGUEUR DU COTÉ DU PANTALON.

La longueur du côté du pantalon a pour but de déterminer le point fixe de son élévation au-dessus des hanches. Pour que cette mesure fût exacte, il a fallu lui donner la même base qu'à la mesure de l'écart.

Ainsi en posant la tête du ruban métrique au-dessus des hanches et en le faisant descendre jusqu'à la semelle, l'on sera certain d'avoir une mesure parfaitement exacte, puisque la différence qu'il y aura entre la mesure du côté et la mesure de l'écart, indiquera nécessairement la hauteur à donner au pantalon au-dessus de l'enfourchure.

Il existe encore une mesure dont nous n'avons pas parlé, parce que, d'après le résultat produit par nos mesures de conformation, elle n'est plus, pour nous, que d'une utilité secondaire. Cette mesure est celle de la poitrine. En effet, la mesure de la conformation, confirmée et garantie par celle du tour d'emmanchure, suffit pour que l'étoffe destinée à habiller la circonférence, vienne se répartir naturellement tout autour du corps. D'ailleurs, nous avons reconnu qu'à moins de prendre cette mesure sur un habit d'uniforme parfait, elle était trop souvent douteuse pour être présentée comme une règle indispensable.

Lorsque la mesure de la poitrine est bien prise, elle varie du plus droit au plus courbé, dans la moyenne taille des hommes, de 5 centimètres environ ; elle varie en outre selon le degré d'épaisseur de la garniture intérieure du vêtement.

Dans le chapitre suivant, nous présentons quelques considérations sur les contrastes des conformations. A elles seules, ces considérations suffisent pour faire apprécier le mérite et l'utilité de la nouvelle classification que nous proposons d'introduire dans le système des mesures, système beaucoup trop restreint et beaucoup trop incomplet jusqu'à ce jour pour conduire à la perfection de l'habillement.

CHAPITRE TROISIÈME.

DES CONTRASTES DANS LA CONFORMATION.

Il faut reconnaître, en principe, que toutes les conformations non difformes ont leurs contrastes plus ou
moins complets, et que c'est dans la même circonférence du haut et du bas du buste qu'on peut les apprécier. L'homme régulièrement conformé ne saurait con-
traster que pour moitié avec les conformations extrêmes, puisque le résultat donné par chaque partie mesurée est toujours moyen : les contrastes complets sont
donc marqués par les conformations dont l'énumération
suit :

1º. Entre le dos le plus droit et le dos le plus courbé,
du milieu des épaules à la nuque ;

2º. Entre le dos le plus droit et le dos le plus courbé,
du milieu des épaules à la taille ;

3º. Entre le dos le plus droit et le dos le plus courbé,
du milieu des épaules au-dessus de la taille ;

4º. Entre le dos le plus uni et le dos le plus courbé
horizontalement, du milieu des épaules à la partie postérieure de l'articulation du bras ;

5º. De l'épaule la plus haute à l'épaule la plus basse ;

6º. Du dessus d'épaule le plus large au dessus d'é-
paule le plus étroit ;

7º. Du diamètre le plus grand au plus petit, pris
au-dessus des hanches à la ceinture ;

8°. Du diamètre du corps le plus grand au plus petit, pris sur le plus gros des hanches ;

9°. Du diamètre du corps le plus grand au plus petit, pris du ventre aux reins.

Pour que l'on puisse nous comprendre plus facilement, nous allons faire connaître par trois exemples, les chiffres produits par les mesures des conformations extrêmes que nous nommons contrastes, et ceux produits par la conformation de l'homme régulièrement conformé, dans la plus grande, la moyenne et la petite taille. Le tableau nécessaire à cette explication comprend trois colonnes de chiffres : la colonne du milieu indique la mesure des plus belles proportions ; les deux autres, celles des conformations les plus opposées. Il résulte du tableau qui va suivre, que les contrastes qui naissent de la pose de nos instruments, sont au nombre de 18.

MESURES DE CONFORMATIONS.	5 pieds 7 à 9 pouces. GRANDE TAILLE.			5 pieds 3 à 5 pouces. MOYENNE TAILLE.			4 pieds 11 pou. à 5 pieds PETITE TAILLE.		
1 et 2 Courbure du haut du dos.	6	15	22	5	12	18	4	9	14
3 et 4 Courbure du bas du dos à la taille.	0	10	17	0	8	15	0	6	13
5 et 6 Courbure du dos au-dessus de la taille. . . .	5	9	16	4	7	14	3	5	12
7 et 8 Courbure horizontale du dos.	0	4	9	0	5	7	0	2	5
9 et 10 Hauteur d'épaule.	9	5	1	9	5	1	9	5	1
11 et 12 Largeur du dessus de l'épaule.	17	15½,	13	15	15½,	14	14	12½,	11
13 et 14 Diamètre du corps pris au-dessus des hanches.	27	28	29	25	26	27	22	23	24
15 et 16 Diamètre pris sur le gros des hanches. . . .	37	33	29	33	30	27	29	27	24
17 et 18 Diamètre pris du ventre aux reins.	21	23	25	19	21	23	18	20	22

Le simple examen de ce tableau suffit pour faire apprécier la haute importance de bien connaître les différences de conformations, afin d'arriver à des résultats certains. Il fait comprendre l'incontestable supériorité du système qui, pour mesurer les proportions du corps, permet de déterminer ainsi par centimètres, les longueurs, les largeurs, les circonférences et les hauteurs. Ce système dont les avantages ne sauraient être révoqués en doute, démontre l'insuffisance absolue de la bande de papier : il crée un langage nouveau dans l'art du tailleur, un langage produit par le principe des dimensions métriques.

Jusqu'à ce jour, les tailleurs rencontraient un écueil fondamental que nul d'entre eux ne pouvait ni franchir ni éviter. Ainsi, l'impossibilité de découvrir la cause des difficultés qui les arrêtaient, élevait une barrière contre les progrès de l'art d'habiller. L'écueil n'existe plus, la barrière est renversée, si l'on étudie avec soin et les conformations et leurs contrastes, si l'on s'attache enfin à les mesurer avec une grande précision. Pour cela faire, nous l'avons dit, la bande de papier ne peut servir en aucune façon, le ruban métrique est trop souvent insuffisant ; de là, nécessité de créer de nouveaux moyens de mesurer. L'expérience nous a conduit à reconnaître que le but est atteint par l'usage de quatre instruments nouveaux, dont le mode d'application est expliqué dans le chapitre II du livre deuxième.

De cette manière se trouve résolu le problème déclaré jusqu'à ce jour insoluble.

Quelle démonstration, en effet, peut être plus con-

cluante et plus exacte que celle qui permet de raisonner
avec certitude sur toutes les parties de la physionomie
du corps de l'homme à l'aide des chiffres donnés par la
mesure de la conformation? Les résultats contenus
dans le tableau qui précède sont, pour ainsi parler,
comme autant de dessins caractéristiques des contrastes
des conformations comparés à l'état normal de l'homme.

Ainsi, les chiffres [1] de la première colonne indiquent
un homme au dos très creux, aux reins pleins, aux
épaules basses et à la poitrine extrêmement développée.
Dans la troisième colonne se présentent des physionomies tout opposées, et la seule vue des chiffres offrira
l'aspect d'un corps courbé à l'excès du haut et du bas
du dos, dont la poitrine sera d'autant plus creuse, que
la convexité du dos en tout sens, sera plus grande, et
l'extrême élévation des épaules semblera vouloir rendre
invincibles les difficultés d'habiller une telle conformation. La deuxième colonne fera elle-même contraste à
ces conformations extrêmes, par la beauté des formes
dont elle donne le gracieux dessin. Nous l'avons déjà
dit, dans chaque taille l'on trouve des hommes régulièrement conformés, de même que dans chaque taille
l'on trouve les plus opposés aux plus belles formes ;
mais heureusement il est très rare qu'il y ait contraste
dans la majorité des parties mesurées, et que le plus or-

---

[1] Ces chiffres étant le produit des instruments dont nous avons précédemment parlé, marquent les dégrés.

dinairement leurs quotités ne s'éloignent que de quelques degrés des plus belles proportions. C'est ainsi qu'on pourrait dire avec raison du buste de l'homme ce qu'on dit très souvent de certaines figures qui seraient parfaites, si un trait irrégulier ou défectueux ne venait parfois détruire leur extrême régularité.

Nous ne cesserons de recommander cette observation essentielle, que le principe fondamental, celui qui est la base de toute étude utile et nécessaire, est le principe qui veut que l'on prenne pour guide de la mesure la nature des conformations du corps.

Jusqu'à ce jour on a continuellement pris mesure de vêtements ; mais dans ces mesures plus ou moins complètes, quelquefois prises avec soin, souvent avec indifférence, selon l'idée, le savoir ou l'importance que chacun y attachait, il y a toujours eu une lacune à remplir. Ce n'était pas seulement la mesure du vêtement que le véritable tailleur cherchait, il eût voulu connaître la conformation des organes extérieurs de l'homme, pour diriger son crayon : il a toujours cherché le moyen d'assurer la marche incertaine de ses ciseaux. Et en effet, est-ce en mesurant seulement la circonférence et la hauteur du buste d'un homme, qu'on peut savoir où se trouvent placées, dans l'aplomb de son corps, les protubérances qui donnent cette circonférence, et devra-t-on toujours mesurer les hommes, comme on mesurerait un tronc d'arbre ou tout autre objet analogue?

Ce serait pourtant une étrange erreur de croire que

nous voulons mesurer la conformation de l'homme,
pour la suivre toujours.

La connaissance parfaite de cette conformation n'a
pour but d'habiller l'homme tel qu'il est, que lorsque
la nature est suffisamment rapprochée des formes normales ; mais lorsque le chiffre produit par les mesures
est trop éloigné des belles proportions, il avertit qu'il
faut améliorer ou corriger par la forme ou la confection
du vêtement, des conformations trop disgracieuses, ou
des contrastes trop prononcés.

Tous les contrastes peuvent être modifiés, soit par
la coupe, soit par la confection, et ceux mêmes qui
offrent une impossibilité apparente d'amélioration, re-
çoivent aussi une sorte de modification par l'emploi des
moyens qui atténuent un peu ce qu'ils ont de disgracieux ; mais, nous le dirons encore en finissant ce chapitre, afin de pouvoir rapprocher tous les contrastes,
complets ou incomplets, des plus belles proportions,
il faut avoir la ferme conviction qu'il faut mesurer les
conformations. Comment serait-il possible, en effet, de
savoir de combien de degrés une conformation peut et
doit être modifiée, si l'on ne veut pas se convaincre
que l'action de prendre une mesure exacte et complète,
est la plus importante, et que le temps passé à obtenir
la meilleure mesure possible, sera toujours le mieux
employé pour tout tailleur qui voudra raisonner son art.

Nous pouvons d'ailleurs affirmer que pour prendre
une mesure générale, six minutes nous suffisent ; et
ce temps suffira à tous ceux qui auront quelque usage
de nos procédés.

10*

En écrivant sur chaque mesure particulière, nous avons eu souvent l'occasion de parler de la coupe, de la confection et de l'amélioration des conformations extrêmes : les explications que nous avons déjà données, et celles qui accompagnent les dessins de coupe contenus dans l'appendice, feront comprendre à toutes les intelligences la nécessité de notre système de mesures.

CHAPITRE QUATRIÈME.

DE LA COUPE ET DE LA CONFECTION.

Il est facile de comprendre, après les nombreuses observations que nous avons déjà insérées dans les chapitres précédents, que nous sommes ici arrivé en quelque sorte au terme du sujet consacré au présent chapitre.

En traitant avec détail de toutes les diverses sortes de mesures nécessaires à la perfection de l'habillement, il nous aurait été impossible de ne pas parler de la coupe et de la confection, en même temps que nous donnions l'explication de ces diverses mesures. Aussi nos lecteurs ne seront-ils pas étonnés que nous bornions aux considérations suivantes, ce qui nous reste à dire sur ce sujet. Ils s'apercevront facilement qu'il est indispensable de recourir à ce qui précède, pour suppléer à l'insuffisance qu'ils croiraient rencontrer dans ce que nous disons ici sur la coupe et la confection nécessaires aux différentes parties dont il nous reste à parler en ce moment.

DE LA COUPE DU CORSAGE EN GÉNÉRAL.

Le corsage est cette partie de l'habit qui, réunie à la coupe du dos, doit couvrir le plus gracieusement possible le buste, sans gêner le mouvement des articulations ni les fonctions des organes respiratoires.

Toutes les mesures relatives à la conformation, à la circonférence et à la hauteur du buste, font varier la coupe des corsages, abstraction faite de la mode. La mode peut faire varier la coupe, mais elle ne fait jamais changer les mesures de conformation et de circonférence, auxquelles il faut avant tout satisfaire.

Le corsage proprement dit se compose de deux parties, qu'on nomme le devant et le dos. Mais en termes techniques, la partie du devant se nomme *corsage*, et celle du derrière *dos*. Le corsage ainsi défini se subdivise par ses extrémités qui sont ainsi qualifiées : 1° L'encolure qui sert de base au pied du collet; 2° L'emmanchure qui sert d'attachement à la manche; 3° La ligne du devant qui sert d'attachement au revers (quand ils ne sont pas adhérents au corsage); 4° La ligne horizontale du bas du corsage qui sert à attacher les basques; 5° La ligne de la couture de côté qui sert à l'attachement du dos; 6° Et enfin, la ligne de l'épaulette qui ferme l'emmanchure et l'encolure.

Avant de commencer la coupe du devant du corsage, il faut préalablement avoir achevé celle du dos : la coupe du dos est régulièrement faite, lorsqu'on a eu

soin de remarquer : 1o la largeur et la longueur à
donner à la taille; 2o la largeur de la carrure qui doit
être en concordance avec celle du dessus de l'épaule;
3o enfin la hauteur de l'encolure qui varie selon la
hauteur des épaules. Quand la coupe du dos sera ainsi
achevée, elle servira de point de départ pour celle du
corsage proprement dit.

Si la mode ou le goût voulait qu'on variât la coupe
du dos, ce ne serait jamais sur la ligne de la couture
du milieu des épaules que les changements devraient
avoir lieu, parce que cette ligne est celle de l'aplomb.
C'est sur la couture de l'épaulette et sur la ligne de la
couture de côté que devront avoir lieu les changements
qu'il faudrait faire. S'il s'agit de faire une taille plus
large, on ajoutera au bas du dos, du côté des plis de
la taille, le plus de largeur à donner. S'il s'agissait de
la faire plus étroite, il faudra retrancher du même côté.
C'est ainsi que la même coupe du corsage et du dos,
peuvent être facilement variées pour toutes les largeurs
de taille, sans dénaturer l'aplomb du corsage.

DE L'EMMANCHURE.

Qu'on nomme également l'entournure.

L'emmanchure est cette partie du corsage où vient
s'attacher la manche. La coupe de l'emmanchure varie,
1o Selon la grosseur du buste de l'homme;
2o Selon la conformation de ce buste;

3⁰ Selon le dessin de la coupe du dos.

Quand nous disons que l'emmanchure varie dans sa coupe selon la grosseur du buste de l'homme, nous voulons exprimer l'idée qu'un homme gros doit avoir toujours une emmanchure qui suive l'articulation du bras quant à la largeur du dessus de son épaule. Au contraire, un homme mince a souvent besoin qu'on lui fasse des épaulettes larges pour développer le haut du buste. On sait en effet que plus les épaulettes sont élargies et plus une emmanchure devient petite ; c'est pourquoi cette partie importante de la coupe du corsage doit varier relativement à la grosseur du corps.

Dans toutes les grosseurs du corps, dans toutes les largeurs d'épaulettes, et conséquemment dans toutes les grandeurs d'emmanchures, la coupe de cette grande partie du corsage varie encore :

1⁰ Suivant le degré de courbure du haut du dos ;

2⁰ Suivant le degré de courbure horizontale du dos ;

3⁰ Suivant le degré de hauteur d'épaule.

Pour l'homme de moyenne grosseur, l'on peut varier de onze degrés la grandeur de l'emmanchure pour la même conformation, parce qu'on peut tailler pour le même sujet un dos de onze largeurs différentes. Il ne faut pas cependant oublier que le dos le plus étroit, se trouvant appuyé sur l'omoplate, n'a pas besoin de ouate pour bien habiller, et que le plus large sortant des proportions naturelles du diamètre du corps, aura besoin d'être très fortement garni entre l'omoplate et le bras et jusque sous l'aisselle : ni le dos le plus large, ni le dos le plus étroit ne doivent avoir la préférence;

dans le plus grand nombre de cas, ce sera la coupe moyenne qui devra être adoptée.

La plus petite emmanchure pour un homme qui aura quarante-neuf centimètres de demi-grosseur du haut du buste, appellera un dos de dix-neuf centimètres; la plus grande en appellera un de quinze centimètres; la coupe d'emmanchure de moyenne grandeur appellera un dos de dix-sept centimètres.

En indiquant onze différentes grandeurs d'emmanchure qui font varier onze fois la largeur du dos et celle de l'épaulette, nous avons voulu faire connaître la cause de la différence des coupes adoptées tour à tour ou préférablement les unes aux autres par chaque tailleur en particulier. C'est ici que l'on reconnaît l'inexactitude de cet axiome : *toute coupe habille* ; car dans ces onze coupes faites pour la même personne, plusieurs ont pourtant besoin du secours de la ouate si l'on ne veut produire un corps disproportionné dans son ensemble ; donc, toutes les coupes n'habillent pas également bien. C'est de l'exagération du dessin qu'il faut se méfier, car à force de vouloir perfectionner l'on gâte son emmanchure.

L'emmanchure qui flatte le plus la vue est quelquefois la moins bonne : ce n'est pas pour satisfaire les yeux, mais pour suivre la conformation qu'une emmanchure doit être taillée.

Un tailleur qui donne un grand nombre de coups de craie autour d'une emmanchure, avant de savoir s'il doit la couper, ressemble à un voyageur qui placé sans guide, entre vingt sentiers, ne sait lequel prendre pour arriver à sa destination. Si ce tailleur avait mesuré la conformation de son sujet au lieu de satisfaire son goût pour telle forme particulière d'emmanchure, il aurait préféré la bonté à la beauté de son dessin, et peut-être son premier coup de craie l'eût satisfait.

Plus le chiffre produit par la mesure horizontale du dos sera élevé, et moins il faudra faire l'application des petites emmanchures, par la raison qu'un dos très large sur un corps courbé horizontalement, a besoin d'une garniture excessive entre l'omoplate et la naissance du bras, ainsi que nous l'avons déjà fait observer pour les dos très larges.

Plus le chiffre produit par la mesure horizontale du dos sera faible, et plus il sera facile de faire l'application des dos larges qui accompagnent les petites emmanchures et les larges épaulettes. [1]

Les emmanchures de moyenne grandeur ont toujours été préférées par les meilleurs tailleurs de Paris et de Londres, parce qu'elles appartiennent au genre naturel qui rejette les exagérations. Les très grandes et si ridicules emmanchures qui furent en usage il y a trente-cinq ans, et les trop petites et si gênantes emmanchures qu'on s'efforce à grands frais de placer à côté de l'articulation de l'épaule sont des écarts du goût et de l'imagination dont il faut se défier.

Une emmanchure peut être trop grande et gêner les

[1] Voir les explications relatives à la mesure horizontale.

mouvements en raison des tiraillements qui s'opèrent par le manque d'aplomb d'un corsage ; une emmanchure peut affleurer le tour de l'épaule sans gêner, lorsque l'aplomb du corsage est parfait.

La plus parfaite de toutes les emmanchures serait celle qui réunirait le plus de grâce à la plus grande commodité.

Nous avons déjà dit, dans le premier livre, que pour les personnes qui ont l'habitude de jouer du violon, il est indispensable de leur tailler l'emmanchure la plus aisée : une coupe qui gênerait l'articulation du bras en cherchant à élargir les épaules, serait tout-à-fait contraire au but que l'on se proposerait en habillant ceux qui se livrent souvent à cet exercice.

DES MANCHES EN GÉNÉRAL.

Il y a quatre coupes de manches bien distinctes :

La manche à deux coutures ;

La manche à une couture sous le bras ;

La manche à une couture au coude ;

La manche à deux coutures dont celle du coude aboutit au dessous de l'aisselle.

La manche à deux coutures et la manche à une couture sont les seules qui soient en usage ; les autres coupes sont également bonnes ; mais jusqu'à ce jour nous ne les avons appliquées que pour faciliter le meilleur emploi des étoffes.

La coupe varie souvent par les causes que nous énumérons ici :

1° suivant le degré de longueur du dos ;

2° suivant la largeur de l'épaulette ;

3° suivant le degré de courbure du haut du dos ;

4° suivant le chiffre produit par la mesure du tour d'emmanchure ;

5° suivant la hauteur des épaules ;

6° suivant la taille ;

7° suivant la grosseur du buste ;

8° suivant l'âge des personnes ;

9° suivant le genre ou l'espèce du vêtement ;

10° suivant le goût ;

11° suivant la mode ;

12° suivant le degré de grandeur de l'emmanchure.

Sous le rapport de la largeur du dos : nous l'avons déjà dit, plus le dos sera large et plus le talon de la manche devra être court.

Sous le rapport de la largeur de l'épaulette : plus l'épaulette sera large et moins le haut du dessous de manche devra avoir de la rondeur, à moins qu'il ne s'agisse d'habiller un homme dont les épaules seraient très basses.

Sous le rapport de la courbure du haut du dos : plus le dos sera courbé et plus le talon de la manche devra être alongé ; afin de suppléer à la largeur de la carrure qui dessinerait trop l'imperfection du dos, si elle sortait des règles que nous avons indiquées.

Sous le rapport du plus ou moins de développement du tour d'emmanchure : si un homme a les os de l'épaule très gros ou très faibles, il faudra donner à la partie supérieure de la manche une largeur relative à cette grosseur.

Sous le rapport de la hauteur des épaules : lorsque celles-ci seront très élevées , il faudra que la rondeur du dessus de manche soit diminuée , et, lorsqu'elles seront très basses, il faudra agir en sens contraire et laisser au dessus de la manche assez de rondeur pour dissimuler un peu l'inclinaison de l'épaule.

Sous le rapport de la taille : l'on comprendra que deux hommes d'égale grosseur du haut du buste, et même du bras , dont l'un sera très petit et l'autre très grand , ne sauraient être bien habillés avec la même largeur de manche ; le plus grand devra avoir une manche assez large pour être ouatée, et le plus petit devra avoir une manche plutôt ajustée que large.

Sous le rapport de la grosseur du buste : nous le répétons encore, il faut que l'homme gros porte des manches aisées, et que l'homme mince et de petite taille les porte ainsi que nous venons de le dire.

Sous le rapport de l'âge : on comprendra que quelles que soient la grosseur ou la taille d'un vieillard , les manches de son habit devront être assez larges pour lui permettre non-seulement de les ouater, mais encore d'y placer d'autres manches dessous s'il le juge convenable.

Sous le rapport du genre ou de l'espèce de vêtement : si l'on devait donner dans un excès, chose qu'il faut éviter autant que possible, il vaudrait mieux tailler des manches un peu trop larges à un pardessus que de les faire étroites ; car des manches un peu larges permettent de mettre et d'ôter le vêtement très facilement sans qu'elles aient rien de disgracieux, parce qu'elles appartiennent à un pardessus qui doit être commode.

Sous le rapport du goût : quel que soit celui de la personne qu'il s'agit d'habiller, le tailleur devra s'y conformer, comme à une nécessité, parce qu'il est rare que ce soit sans un véritable motif qu'on préfère plutôt une forme qu'une autre, dans les détails comme dans l'ensemble d'un vêtement. Nous pouvons d'ailleurs affirmer que nous avons eu souvent à nous louer d'avoir suivi le goût particulier des personnes.

Sous le rapport de la mode : nous avons déjà dit que toutes les modes de largeur de manche n'étaient pas applicables à toutes les conformations : l'on devra avoir égard aux explications que nous avons déjà données.

Sous le rapport de la grandeur de l'emmanchure : avant d'achever la coupe de la manche, le tailleur devra en mesurer la rondeur, tant dessus que dessous, et la comparer avec celle du tour de l'emmanchure : il devra alors calculer l'étoffe qui sera prise par les coutures, car l'emmanchure s'aggrandit de toute la profondeur que la prise de la couture lui donne, tandis que le haut de la manche se rétrécit non-seulement de toute la rondeur que la couture lui ôte, mais encore parce que plus la manche se raccourcit du haut et plus elle devient étroite à son attachement et dans toute sa longueur. La différence qui existe entre la manche et l'emmanchure ainsi comparées, devra être relative au degré d'ampleur qu'il sera nécessaire de donner à la manche par les causes que nous venons de détailler.

La manche à deux coutures, telle que nous la proposons, doit être taillée avec un dessous plus étroit que le dessus, de trois à cinq centimètres, selon la grandeur, afin que la couture de la saignée ne soit pas placée trop haut sur l'avant-bras.

Les hommes dont le bras est bien fait et qui aiment à le dessiner, portent généralement des manches étroites et courtes, dont le parement vient se fermer au poignet en laissant la main à découvert; mais le plus ordinairement le bout de la manche de la chemise vient suppléer à la longueur de la manche de l'habit.

La manche à deux coutures étant plus facile à tailler est d'un usage plus général, mais la manche à une couture plaît davantage aux hommes qui savent apprécier les détails d'un habit. Les artistes peintres, par exemple, aiment mieux l'effet de la manche à une couture, parce qu'elle drape mieux et qu'elle donne au bras quelque chose de moelleux qui contraste parfaitement avec la raideur de la manche à deux coutures, quand elle est taillée à coude prononcé. Rien n'est plus disgracieux qu'une manche étroite dont le parement n'affleure pas le poignet.

C'est ainsi que même les parties de l'habillement qui sont les plus sujettes aux lois de la mode, doivent s'en affranchir pour satisfaire à d'autres lois qui lui sont supérieures.

Une manche qui est large au poignet, parce qu'on la

veut ainsi, doit avoir une largeur relative dans toute sa
longueur.

L'homme dont la main sera très forte, eu égard à
sa taille, devra porter des manches un peu longues :
nous devons pourtant faire observer qu'une manche
trop longue est embarrassante et bientôt fanée.

La ouate est d'un grand secours pour donner au
bras la forme qu'on désire, et même, au rapport des
médecins, une manche ouatée du haut est très utile à
la santé.

La manche joue un grand rôle dans l'habillement
des dames : l'extrême largeur qu'on lui donne aujour-
d'hui n'est pourtant supportable aux yeux des obser-
vateurs que chez la femme d'une taille élevée et dont
la grosseur est en proportion de cette taille.

DES BASQUES DE REDINGOTES,

Qu'on peut nommer également jupe de redingotes.

Les basques de redingotes sont sujettes à une grande
variation de formes, donnée par la différence de leur
ampleur. Nous avons divisé cette ampleur en cinq
degrés applicables selon le genre, le goût ou la mode.
Si personne n'a (nous ne craignons pas de le dire),
porté plus loin que nous la perfection de la redingote,
c'est parce que nous en avons soigné tous les détails.

L'ampleur de la basque devra varier suivant le genre
et la destination de la redingote. S'il s'agit d'une bas-

que de pardessus, il faudra qu'elle croise beaucoup par le bas, tandis que, pour la petite redingote légère, la basque laissera, suivant la mode ou le goût, voir le pantalon.

Tous les degrés d'ampleur de jupe ne sont pas également applicables à toutes les conformations. Si la plus petite ampleur peut être placée sur des hanches imperceptibles, il serait impossible d'en faire usage sur des hanches très prononcées, à moins de faire un suçon qui dessine toute la protubérance de la hanche. Mais pour éviter de recourir à ce moyen, il conviendra de remarquer la progression de la grosseur des hanches, qui indiquera le plus ou le moins d'ampleur à donner à la jupe. Cette observation s'applique sur-tout au cas où la taille descend juste à la naissance des hanches ; car si la mode exigeait que la taille fût plus courte de plusieurs centimètres, la grosseur du corps étant alors à la hauteur actuelle de la taille, bien plus forte que si elle était dessinée plus bas, les hanches disparaîtraient totalement sous l'aplomb des basques, et préférablement alors la plus petite ampleur de jupe devrait être appliquée.

Nous ferons observer qu'en principe, plus la taille est appuyée sur les hanches, et plus une grande ampleur est indispensable ; et plus la taille est courte et s'éloigne du dessus des hanches et, moins une grande ampleur est nécessaire.

La connaissance des diamètres du côté du corps, si utile à la coupe du pantalon, n'est pas moins profitable pour la coupe des basques de redingotes et d'habits.

Si la différence entre le dessus des hanches et celle du gros des hanches est extrême et qu'il faille placer sur ces hanches une jupe de petite ampleur, il faudra alors savoir à quel degré cette jupe devra être suçonnée. Il n'est pas en effet de moyen plus certain que celui de prendre pour règle les degrés de la différence entre les deux diamètres du côté du corps.

DES COLLETS.

Le collet doit être l'objet de la plus grande attention dans la confection d'un vêtement. Il est par sa position l'une des parties qui fixent les premiers regards, parce qu'il exerce par sa forme, son étoffe et même sa couleur, une grande influence sur la physionomie.

Les différentes espèces de collets qui sont généralement connues, sont le collet droit, le collet tombant, le collet à la Saxe et le collet à schall. Chacune de ces espèces reçoit de nombreuses variations qui constituent les genres modifiés par les différentes hauteurs ou longueurs.

Le collet droit arrondi est celui dont la pointe extérieure est arrondie gracieusement, et ne ferme tout-à-fait que par sa base.

Le collet droit abattu est celui qui est prescrit pour l'uniforme de la garde nationale.

Le collet tombant est celui qui varie le plus dans sa forme : il est applicable aux habits fracs et aux redingotes en général. Ce collet se divise en deux parties, le pied et le tombant. La manière de le piquer et celle de le presser au fer, influent beaucoup sur sa forme. Le même collet peut être fait de manière à permettre à la redingote ou à l'habit de s'ouvrir et de se fermer sur la poitrine. Il n'est pas possible pourtant d'obtenir qu'une redingote ou un habit soient parfaits boutonnés ou déboutonnés : on obtient bien qu'ils aillent passablement dans l'un et l'autre genre ; mais un vêtement fait pour rester toujours ouvert ou toujours fermé, ira bien mieux que s'il est fait à deux fins.

Les collets tombants qui ont le plus de grâce, sont ceux dont la cassure n'est point marquée, parce qu'ils peuvent se renverser ou se relever à tous les degrés, selon le besoin et le goût.

Pour l'homme qui a le col court et les épaules hautes, il faudra toujours des collets bas et légers dans leur confection. Un collet épais est toujours suivi de garnitures fort épaisses, et pour l'homme replet, on doit éviter tout ce qui peut contribuer aux coups de sang.

Si un homme a les épaules basses et le cou très maigre et long, les collets étoffés devront lui être appliqués, car un collet trop bas sur une telle conformation, la fait ressortir davantage. La mode perd son empire partout où elle est disgracieuse.

DES MOYENS DE SERRER LE BAS DES GILETS ET LE HAUT DES PANTALONS.

La manière plus ou moins heureuse de serrer à volonté le haut des pantalons et le bas des gilets, est trop importante pour qu'elle ne trouve pas une place dans cet ouvrage. C'est du plus ou moins de grâce du bas de la taille, que dépend le plus ou moins de perfection de cette partie de l'habit.

Le corps varie de grosseur par plusieurs causes. C'est un fait constant que si une température humide règne pendant quelques jours, le corps grossit de toute l'humidité qu'il reçoit, et si, par contraire, le temps est au plus sec, le corps diminue de toute l'humidité qu'il perd. Ces différences sont peu sensibles, il est vrai ; mais ne seraient-elles que d'un centième de la grosseur ordinaire du corps, elles existent, et nous les signalons pour prouver qu'on ne doit pas s'étonner des légères différences données par les mesures prises à la même personne à quelques jours de distance, et si un vêtement serre un peu plus le corps un jour que l'autre.

La différence des aliments, la disposition des organes digestifs et celle des intestins, peuvent opérer, d'un instant à l'autre, une grande différence dans la grosseur ordinaire de l'homme. De là vient la nécessité absolue de donner une élasticité au dos des gilets et à la ceinture des pantalons, qui puisse permettre de grossir de 6 à 8 centimètres, sans éprouver aucune gêne, et sans inconvénient pour la grâce du vêtement.

Il y a une autre circonstance qui exige impérieusement l'usage des élastiques, c'est l'action de se baisser. Nous avons mesuré un homme portant une ceinture élastique à son pantalon, qui avait, étant debout, 92 centimètres de grosseur à la ceinture, et qui étant baissé en avait 100. Si sa ceinture eût été serrée avec

une boucle, il n'aurait eu, même baissé, que 92 centimètres. Ce fait prouve évidemment qu'il y aurait en
alors un déplacement d'intestins ; soit en montant ,
soit en descendant. Il est facile ainsi de comprendre
combien d'accidents funestes à la santé ou à la vie , ont
été occasionés par l'effet de compressions non élastiques.

Si de l'homme debout à l'homme courbé jusqu'à
terre, il règne une différence de 8 centimètres sur la
grosseur de son corps , lorsqu'il sera assis à table ou
près d'un bureau mesurez-le, et vous trouverez que
cette différence est du tiers de celle que nous signalons. Aussi c'est par cette raison que presque tous ceux
qui ont des boucles à la ceinture de leur pantalon, sont
obligés d'en diminuer la compression à table , même
en commençant le repas. L'élasticité est utile à table,
et si Lucullus avait eu une boucle de ceinture , il l'aurait bien vite rejetée pour adopter l'élasticité dont nous
faisons usage , et que nous proposons comme moyen de
perfectionnement dans les détails de la confection.

Pour satisfaire à la nécessité hygiénique que nous signalons, nous avons , le premier, fait usage de l'é-
lastique dans l'habillement. Nous avons d'abord employé l'élastique métallique , mais le caoutchouc nous
paraît préférable dans le cas de la plus faible compression.

Pour les personnes qui exigent une extrême constriction à la taille , la boucle et le fort lacet valent mieux
que l'élastique; mais en général l'élastique est préférable à tous les autres moyens.

LIVRE TROISIÈME.

DES DIVERSES PARTIES DE L'HABILLEMENT.

CHAPITRE PRÉLIMINAIRE.

Les considérations que nous avons développées dans le premier livre de ce Traité Encyclopédique pourraient, à la rigueur, suffire pour faire apprécier le mérite de cette troisième partie de notre travail. Celle-ci se présente pour ainsi dire comme la preuve des observations par lesquelles nous avons cherché à démontrer l'importance sociale de l'habillement.

En effet, c'est par la collection la plus choisie, la plus complète et la plus variée de toutes les formes de vêtements, que nous croyons devoir terminer notre ouvrage.

Cette collection se recommande également à l'attention des hommes du monde aussi bien qu'à celle des tailleurs. Les premiers sauront en comprendre l'utilité, par la facilité qu'elle leur donnera de choisir tous les divers genres de vêtements qui peuvent leur plaire davantage. Les seconds y trouveront des ressources que leur bon goût pourra multiplier encore avec succès.

Quelques mots de développement expliqueront facilement la pensée qui nous a dirigé dans cette partie et le but que nous nous sommes proposé d'atteindre.

Le troisième livre du Traité Encyclopédique est composé de 49 planches comprenant 138 figures [1], qui représentent une grande variété d'habillements de toute espèce. Depuis le somptueux habit de cour jusqu'à la robe-de-chambre la plus moelleuse et la plus commode, nous avons pris à cœur de reproduire, dans leurs formes les plus diverses, toutes les sortes de vêtements que la mode, le bon goût, l'attrait du plaisir, le besoin des convenances, peuvent élever en faveur ou rendre nécessaires. Nous n'avons indiqué, il est vrai, que des costumes portés ordinairement par des hommes d'une haute position sociale ou d'une riche aisance ; mais il est facile de voir qu'à l'aide de ces mêmes figures, on peut également habiller l'honnête industriel, le laborieux artisan qui recherchent encore les avantages et les agréments d'une mise soignée.

En parcourant ce livre, l'homme du monde qui tient à être bien habillé n'éprouvera plus la difficulté de désigner quelle forme d'habit, de gilet, de pantalon ou de redingote, lui convient le mieux. Il aura la

[1] Indépendamment de ces 138 figures, toutes celles destinées à indiquer la place où les mesures doivent être prises appartiennent à l'appendice qui termine ce Traité.

facilité de choisir son costume, en le composant des diverses parties que nous avons réunies dans un seul ensemble. Il pourra lui-même assortir les genres en empruntant telle forme à une figure et telle autre forme à une autre figure.

Le tailleur lui-même se trouvera soulagé d'un des plus grands embarras que laisse peser sur lui le client qu ne sait pas arrêter son goût ou suffisamment expliquer sa volonté. Pour lui, l'exemple est placé ici à côté du précepte. Il justifiera ainsi d'une manière plus certaine et plus juste, les conseils qu'il donnerait sur la préférence que tel genre peut mériter sur tel autre genre.

A chacune des figures ci-après représentées, nous avons ajouté des notes explicatives, de nature à faire comprendre soit l'utilité, soit les avantages de la partie de l'habillement dont nous nous occupons. C'est ainsi que nous exposons les motifs qui nous paraissent devoir faire adopter de préférence telle forme d'habit ou de redingote plutôt que telle autre forme, suivant l'âge des personnes, leur état de santé ou leur position sociale. Nous avons réuni, de cette manière, vingt genres d'habits différents qui, par leur combinaison partielle, peuvent permettre de suivre toutes les variations de la mode. La redingote est reproduite de plus de trente manières différentes ; les six vestes de chasse peuvent également en donner un beaucoup plus grand nombre. Nous avons représenté de même le manteau de la forme la plus ample et la plus large, le manteau à collet et à manches, le carrick, enfin tous les genres de par dessus que les rigueurs de l'hiver peuvent rendre plus com-

modes ou plus favorables à la nécessité de se bien couvrir. Les costumes des enfants, les pantalons, les gilets
sont également représentés en nombre suffisant pour
satisfaire à tous les goûts. Pour donner une idée de la
variation du vêtement, nous offrons plus de quarante
formes de gilets qui, avec quelques modifications faciles à opérer, peuvent se prêter à tous les changements
de la mode.

La variété du costume est une nécessité sociale. Elle
est imposée par de hautes considérations, comme par les
raisons les plus simples et les plus vulgaires. Nous ne pou-
vions mieux répondre à cette nécessité qu'en variant la
physionomie des figures que nous représentons. Il sera
maintenant facile de choisir ce qui convient aux positions élevées comme à l'heureuse aisance de l'homme
qui ne trouve dans la vie que des distractions ou des
plaisirs utiles. La société n'y perd aucun de ses
avantages; son industrie est toujours dans une activité
sans cesse progressive, et tous les arts utiles profitent
ainsi de ce mouvement qui fait diversion à l'uniformité
et à la monotonie de l'existence humaine.

CHAPITRE UNIQUE.

Planches 1 et 2.

Fig. 1, 2, 3, 4.

DE L'HABIT A LA FRANÇAISE ET DU FRAC BRODÉ.

L'élégance et la richesse de l'habit à la française rappellent une de ces époques où les distinctions et les hautes positions sociales étaient plus particulièrement tranchées par le costume. Aujourd'hui, si cet habit a perdu l'importance qu'il pouvait jadis avoir sous ce rapport, il a néanmoins conservé un mérite qui le fera toujours regretter et même peut-être encore rechercher un jour de ceux qui savent en apprécier tous les avantages. A lui seul ce costume suffit pour entretenir l'activité d'une foule d'industries diverses. Tout doit y représenter la grandeur, l'élégance, la richesse, la perfection. Il exige une grande recherche dans son ensemble et une heureuse harmonie entre toutes les parties qui le composent.

L'étoffe qui est alors mise en œuvre, doit toujours être d'une qualité supérieure. L'habit, la veste et la culotte peuvent être pris dans la même étoffe [1]. La bro-

---

[1] Nous ferons remarquer cependant qu'une veste ornée d'une riche broderie en or ou en soie, mais d'une couleur ou d'une étoffe différente de celle de l'habit et de la culotte, relève davantage par une gracieuse variété l'élégance de ce costume.

derie faite avec un grand soin doit être convenablement approprié au rang de la personne qui doit revêtir ce riche costume.

Des boutons en pierreries fines, en strass ou en acier, une épée dont la poignée est enrichie de tout ce que le luxe peut trouver de plus brillant, un chapeau garni de plumes et de ganses d'une valeur également grande; une chaussure ornée de boucles éclatantes par la richesse du travail, tels sont les accessoires indispensables et qui réunissent ainsi le concours de plusieurs industries vers un seul et même but.

Ce costume convient sur-tout à l'aristocratie de la naissance ou de la fortune, qui est appelée à tenir le premier rang de la société. On sait la faveur dont il jouissait avant 1789, et celle qu'il reprit à la cour de Napoléon, qui le fit remettre en honneur, parce qu'il comprit les avantages qui devaient en résulter pour la fabrication des riches étoffes. La révolution de 1830 l'a fait disparaître de nouveau, devant ces idées d'égalité politique que notre siècle semble vouloir réaliser.

Mais si l'habit à la française vient encore d'être mis en oubli, on n'a pu de même effacer la nécessité d'un costume spécial qui, dans les grandes réunions, distingue les hommes en raison de leur rang et de leur position.

C'est ainsi que, depuis 1830 sur-tout, nous avons confectionné un grand nombre d'habits brodés destinés à figurer dans de grandes cérémonies, dans de nombreuses assemblées qui présentaient la réunion de ce que l'état contient en personnages considérables par leurs talents, leur nom, ou leur dignités.

Cet habit brodé représenté sur deux principales faces, par les figures 1 et 2, est le nouvel habit de cour qui a remplacé depuis quelques années l'ancien habit à la française. Sa coupe est la même pour les costumes des dignitaires et des hauts fonctionnaires, sa broderie est celle du grand costume de conseiller d'état, le devant de cet habit se ferme par trois boutons seulement au bas du buste, afin que la poitrine puisse être assez ouverte pour laisser voir le linge.

Ce costume exige dans ses détails une dépense bien moins considérable que l'habit à la française, cependant les broderies dont il est chargé, imposent l'obligation d'avoir égard à la qualité du drap qu'il importe d'employer. Ainsi, plus la broderie sera riche ou compliquée, plus le drap devra être d'un tissu serré et fin. Un drap dont le poil n'est pas assez rasé, exige d'être brossé souvent et paraît être fait avec de la grosse laine alors même que celle-ci serait de la première finesse. Ce défaut, dans l'achèvement du drap, devra le faire rejeter même pour les habits de ville les plus ordinaires; à plus forte raison devra-t-on employer pour les habits brodés du drap parfaitement tondu. Plus l'on brosse un habit brodé et plus on court le risque d'érailler la broderie, quelque précaution qu'on puisse prendre d'ailleurs.

Si la coupe des habits de ville doit toujours être le plus possible appropriée à la conformation du corps, à plus forte raison devra-t-on apporter la plus grande at-

tention dans celle de l'habit brodé. Si la coupe d'un habit
richement brodé est imparfaite, si le corsage manque
d'aplomb, ou que l'emmanchure ne soit pas tout-à-
fait placée à l'articulation des épaules, il s'ensuivra que
la raideur occasionée par la broderie fera ressortir
davantage les défauts à chaque mouvement du buste.

La gêne qu'on éprouve dans un habit brodé est
d'autant plus insupportable, que cette gêne est aug-
mentée encore par le poids de cet habit.

L'habit à grande broderie perdant beaucoup de
l'élasticité de l'habit de ville, devra être taillé un peu
plus aisé du bas du buste.

La conformation des hanches et les différents degrés de cambrure de la taille, exigent une combinaison
dans la coupe des basques en rapport avec celle du
bas du corsage de l'habit. Aussi en donnant l'habit au
brodeur, la basque devra être cousue au corsage, de
manière à faire reconnaître qu'elle se trouve en harmonie avec la forme des hanches. Le mérite du brodeur sera alors de ne pas dénaturer la forme donnée à
cette partie essentielle de l'habit en le plaçant sur le
métier. Ayant éprouvé de grands désagréments par ce
manque d'attention, nous avons cru devoir en parler
pour qu'on y prît garde.

La culotte de la figure n° 1 est en casimir blanc; elle
serait d'un goût plus relevé et plus en rapport avec la
richesse de la broderie si elle était en drap de soie de même
couleur; mais il faudrait alors que les basques de l'habit
fussent doublés en très belle levantine blanche.

La culotte courte à boucles est le genre le plus

habillé : un de ses grands inconvenients est de serrer tropfo rtement la jarretière ; cette pression permanente arrête la circulation du sang, fait dilater les veines et produit ainsi des varices. Aussi les médecins ont re-marqué que ces infirmités étaient moins fréquentes depuis que le pantalon collant a été substitué à la cu-lotte courte ; le pantalon même très collant n'expose point à un semblable danger.

La culotte est un des vêtements les plus difficiles à faire : sa coupe doit souvent corriger les imperfections, laisser les mouvements libres, ne point gêner la respi-ration, et même en étant collante, permettre de s'as-seoir commodément.

Tous ces avantages ne s'obtiennent que par une étude approfondie de ces difficultés. La manière de prendre des mesures complètes de conformation con-duira toujours le plus près possible de la perfection qu'exige la culotte.

On connaît : la culotte à boucles ;

La culotte à cordons ;

La culotte à mollet ;

Le pantalon-culotte.

DE L'HABIT.

L'habit règne dans les salons, les bals, les soirées, les dîners à cérémonies, les mariages, dans les visites chez les personnes qu'on veut honorer. Dans toutes ces circonstances l'habit est d'une obligation absolue. Varié

dans les différentes parties qui le composent , dans son
étoffe, sa couleur, l'habit est encore porté comme costume de fantaisie , il suffit d'un nouveau collet, d'une
coupe particulière de basques ou de revers , et même
d'une nouvelle espèce de boutons plus ou moins grands,
plus ou moins nombreux , plus ou moins riches, pour
donner à l'habit un caractère de nouveauté qui plaît.
L'habit ainsi varié doit être plus particulièrement
porté par les personnes qui , par leur position sociale,
peuvent modifier le costume pour chaque circonstance
de la vie. C'est d'ailleurs par l'adoption des genres
distingués, qui ne sont pas destinés à l'usage du plus
grand nombre, qu'on conserve ou qu'on acquiert cet
air de distinction qui est un des principaux avantages
et le but de la belle toilette.

Quel que soit d'ailleurs l'usage auquel l'habit est destiné par sa nature , par sa forme , il est appelé à faire
partie d'une toilette élégante et à la compléter. Il
exige un dessous toujours soigné et propre. Un habit
mal porté est un entier contre-sens ; en effet il est facile
de voir que la coupe de ses basques , la forme de ses
revers, souvent très évasés , qui laissent apercevoir le
pantalon, le gilet et le linge, semblent avoir été imaginés
pour être l'auxiliaire ou le complément de la parure ,
et non pour le faire servir presque indistinctement à
tous les usages de la vie.

L'habit frac primitif nous vient d'Angleterre : il
remplaça chez nous l'habit taillé à la française , dont la
coupe fut réservée depuis pour les habits de cour. La
forme du frac varie selon le goût des personnes ou

le caprice de la mode; mais depuis quelques années la forme de ce vêtement n'a point subi de ces transitions outrées qui étaient si fréquentes il y a vingt ans. A cette époque l'art d'habiller n'avait pas encore atteint le degré de perfection qu'il a acquis de nos jours. Ceux qui tenaient le sceptre de la mode ne comptaient pour rien la nature des conformations, et leur imagination sans règle laissait échapper des caricatures outrées, qui nous ont été fidèlement transmises par un peintre célèbre.

Le perfectionnement de la coupe des vêtements a été sur-tout remarquable dans l'amélioration des genres : les modes qui se sont succédé depuis nombre d'années, n'ont offert aucun véritable contre-sens, si l'on n'excepte quelques originalités ridicules dont le bon goût a fait une prompte justice, et qui n'ont été portées que par un très petit nombre de personnes. Les principaux tailleurs de Paris et de Londres, aidés par les gens de bon goût, ont reconnu qu'il fallait habiller selon la nature des conformations. La longueur de la taille des habits a été fixée au-dessus des hanches, sa largeur n'a pas été au-dessus de la moyenne, parce qu'on a également reconnu que les tailles larges donneraient une tournure disgracieuse; d'ailleurs, dans les modes qui se sont succédées, les tailles étroites ont toujours eu une plus longue vogue. La largeur de la taille varie seulement en proportion de la grosseur des individus. Il y a dans la coupe de l'habit frac trois choses bien distinctes qu'il ne faut pas confondre : la nature, le genre et la mode.

La partie de l'habit qui a trait à la nature est celle qu'on nomme le corsage. Quelle que puisse être la mode, il faut d'abord que le corsage soit taillé d'après l'aplomb du corps et selon sa conformation. Au corsage viennent s'attacher les manches, le collet, les basques et les revers. Quand c'est un habit croisé, la variété des formes des différentes parties de l'habit constitue la différence des genres, et la multiplicité de ces mêmes genres constitue la différence des modes qui se succèdent si rapidement les unes aux autres.

Planches 3.

Fig. 5 et 6.

GENRE HABILLÉ, GRANDE TOILETTE.

La figure 5 représente un habit destiné à être porté déboutonné ; ses revers sont jetés sur l'épaule, comme pour laisser voir tout le devant du gilet, dont la coupe évasée laisse voir à son tour toute la beauté du linge ; ce gilet n'a point de collet par devant.

Un gilet de dessous, en piqué blanc, d'une coupe semblable, à l'exception que le bord est replié comme pour former un schall très étroit, est appelé à venir faire ressortir l'étoffe du gilet de dessus.

Le pantalon est du genre le plus habillé après le pantalon collant.

La figure 6 représente un habit frac à basques étoffées, culotte courte à boucles.

Planche 4.

Fig. 7 et 8.

La figure 7 est sagement habillée : le costume qu'elle représente n'est exagéré dans aucune de ses parties. Les basques, les revers, le collet et les manches, ne seront jamais ridicules dans le système actuel d'habillement malgré les variations de la mode.

Pantalon collant, gilet à petit schall.

Habit à basques dégagées d'un bon effet : genre applicable plus particulièrement aux hommes au-dessous de 35 ans.

Pantalon demi-collant, genre le plus commode pour le costume habillé.

Fig. 7.

DU PANTALON COLLANT DE PARTOUT.

La mode remplaça par le pantalon collant de partout, la culotte courte qui semble ne devoir plus appartenir qu'au costume à la française : les avantages du pantalon collant l'ont fait généralement adopter. L'usage a consacré ce vêtement pour la toilette du bal, et l'étiquette même la plus rigoureuse des salons n'en est plus offensée : éviter la douleur ou tout au moins la gêne causée par la constriction de la jarretière, permettre d'aider la nature en embellissant la jambe, tenir celle-ci dans un état constant de chaleur, et empêcher les varices en contenant les veines, tels sont les quatre principaux avantages du pantalon collant sur la culotte ; avantages qui lui assurent une longue préférence pour le costume des salons.

Les pantalons de tricot de soie ou de laine noire ont toujours été portés comme faisant partie du costume le plus distingué. Cette étoffe est la plus favorable et la plus commode pour ce genre de pantalon.

Planche 5.

Fig. 9 et 10.

La figure 9 représente un genre d'habit qui est à la fois gracieux, commode et chaud. Ce genre a encore le mérite de faire ressortir une belle forme du corps, et facilite le moyen d'améliorer un certain nombre de conformations. L'habit fermé, varié dans ses détails, produit un grand nombre de formes, toutes gracieuses : la variation des revers, du collet et des boutons, celle de la coupe des basques, sont un moyen certain de les obtenir. L'habit fermé peut plus facilement atteindre un plus haut degré de perfection que l'habit ouvert.

Pantalon à petit pont, dessinant légèrement le genou et couvrant le pied pour en dissimuler la grosseur.

La figure 10 porte un habit d'un genre agréable par la légèreté de ses garnitures. Les revers et le collet en sont minces et peu étoffés. L'ensemble de ce costume est parfaitement en rapport avec l'âge et la manière d'être de la personne représentée.

Gilet droit à grand cran ; collet droit.

Pantalon boutonné à l'enfourchure tombant droit avec un gousset de guêtre, pour trancher nettement la difficulté du coude-pied.

Cette coupe est nécessaire pour l'emploi des étoffes qui ne sont pas flexibles.

Planche 6.

Fig. 11 et 12.

La figure 11 représente un habit boutonné droit, c'est-à-dire à un seul rang de boutons ; son collet à schall est d'un effet simple et gracieux. La manche de cet habit, ainsi que celle de la figure 12, est taillée avec une seule couture.

Pantalon à guêtres. Ce genre de pantalon n'est supportable qu'avec les étoffes qui ont une certaine flexibilité : il satisfait l'amour-propre des hommes qui ont les plus belles proportions, mais il n'est pas assez commode pour devenir d'un usage général.

La figure 12 représente un habit boutonné du cou à la taille, collet à la Saxe peu élevé par devant, pour laisser voir le collet du gilet et la cravate.

12*

Pantalon plissé autour du corps ajustant le tour du coude-pied.

Fig. 12.

PANTALON PLISSÉ, DIT A LA COSAQUE.

A moins que ce ne soit pour un pantalon de voyage ou de campagne, les hommes dont le corps est aussi gros du bas que du haut ne devront jamais faire usage de pantalons plissés: les hommes très minces du bas de la taille pourront au contraire adopter les pantalons plissés, parce que tout ce qui est étoffé sied à leur conformation.

Planche 6.

Fig. 11.

DU PANTALON A GUÊTRES.

De tous les genres de pantalon, le plus difficile à confectionner est sans contredit le pantalon à guêtres.

Plus encore peut-être que dans toute autre partie de l'habillement, il faut ici apporter un soin extrême à bien prendre les mesures et établir convenablement la direction des coutures dans la coupe.

Un pantalon à guêtres trop court à l'enfourchure, même de deux lignes, est un pantalon manqué, parce qu'il a un défaut auquel il est impossible de remédier.

S'il arrive au contraire qu'il soit trop long, on peut facilement corriger ce défaut, si la largeur est en raison de la longueur qui existe en plus. Alors, on peut suivre encore les règles de la coupe première, sans lesquelles la direction des coutures se trouve faussée et produit ainsi un mauvais résultat.

Ce genre de pantalon étant le plus difficile à faire, il exige une très grande application. Si l'on a réussi à le tailler et à le confectionner d'une manière régulière, on a trouvé la clef de presque tous les autres genres de culottes et de pantalons, et l'on a de plus appris à faire des guêtres, qui sont aussi en particulier un objet digne de toute l'attention des tailleurs.

DES GUÊTRES.

La guêtre est très utile et même indispensable aux chasseurs et aux marcheurs ; elle est très favorable à la coquetterie : une guêtre bien faite, améliore beaucoup la tournure de la jambe et diminue le volume d'un gros pied, en le partageant.

Les dames à qui la nature a prodigué tous ses charmes, excepté la haute stature, peuvent grandir d'un pouce sous une guêtre faite avec tout l'art que mérite un tel perfectionnement.

Il y a trois genres de guêtres : la grande, la moyenne,

la petite ou demi-guêtre : la guêtre anglaise à l'u-
sage des domestiques est un quatrième genre. Chacun
de ces genres peut être fait à boutons, à ganses entrelacées ou à lacet. La grande guêtre est celle qui
monte sur le genou telle que la portaient les soldats
de la garde de Napoléon. L'on a observé dans l'armée que les varices étaient bien plus nombreuses
parmi les soldats, depuis la suppression de la grande
guêtre.

Planche 7.

Fig. 13 et 14.

Frac à un rang de boutons, collet de velours, basques d'une coupe tout-à-fait particulière, adhérente à
celle du dos, plis de la taille bornés à l'ouverture de la
poche.

Ce genre d'habit est charmant comme habit de fantaisie, pour une toilette qui tient le milieu entre l'habit habillé et la redingote légère.

Des pantalons en général.

DES PANTALONS PLISSÉS A LA CEINTURE.

Nous avons taillé ce genre de pantalon dans toutes
les grosseurs de la ceinture de 50 centimètres et au dessous. Si nous nous sommes arrêté à ce chiffre, c'est

parce que ce genre de pantalons ne peut convenir dans
la circonférence de 100 centimètres, qu'aux hommes de
la plus grande taille, qui ont le buste plus gros en tota-
lité de 10 centimètres, du haut que du bas. Ainsi, un
homme qui aura 50 à la ceinture, devra avoir 55 au
moins du haut du buste pour que le genre de pantalon
plissé lui aille bien ; car, par la raison que les pantalons plissés à poche de côté vont parfaitement aux
hommes les plus minces, et que ce genre devient d'autant plus parfait que les tailles sont plus grandes, l'on
calculera sans peine, que plus les hommes sont petits
et de forme cylindrique, et moins ils devront faire usage
du pantalon plissé : cette observation démontre que les
modes ne sauraient avoir d'application générale.

DU PANTALON A GRAND PONT.

Le pantalon à grand pont ne peut pas plus convenir
aux hommes très minces et aux formes aplaties que le
pantalon plissé ne peut convenir aux hommes gros ; le
grand pont est excellent pour contenir la plus forte
proéminence du ventre : c'est le genre qui convient le
mieux aux hommes dont la grosseur n'est pas au dessous de 46 centimètres dans la moyenne taille ; de 43
pour la plus petite, et 49 pour la plus grande. Plus
l'abdomen sera saillant, et plus le genre de pantalon
à grand pont sera nécessaire.

DU PANTALON A PETIT PONT.

Le petit pont est le genre habillé qui convient le mieux aux hommes minces : il est un peu moins commode que le pantalon à grand pont; c'est le genre qui tient le milieu entre le pantalon à brayette et ce dernier.

DU PANTALON A BRAYETTE.

Si des observations hygiéniques pouvaient trouver place ici, nous dirions tous les avantages que plusieurs médecins ont dit appartenir au pantalon *à brayette* ouverte dans l'enfourchure. Ce genre que la décence repousse du salon est si commode pour tous les autres usages de la vie, qu'il a été adopté par un très grand nombre de personnes.

Le pantalon à brayette est plus facile à mettre, et plus facile à quitter que les autres genres, et malgré tout ce que pourront dire contre lui ceux qui préfèrent l'extrême décence à l'extrême commodité sans indécence, le pantalon à brayette sera long-temps adopté, sur-tout pour le genre plissé.

DU PANTALON A PONT-CEINTURE.

Ce pantalon a été imaginé par les Russes, pour serrer le ventre outre mesure; ce genre était inconnu en France avant 1814.

DU PANTALON CHARIVARI.

Le pantalon qu'on nomme charivari, serait mieux nommé pantalon par-dessus, parce qu'on en fait usage sur d'autres pantalons; ce pantalon se ferme sur le côté de la hanche à la semelle du soulier, au moyen d'une ligne de boutons; il n'est en usage que dans les pays où l'on va faire des visites à la campagne à cheval. Le but du charivari est de préserver la toilette des mauvais effets de la boue, de la poussière et de la pluie.

Planche 8.

Fig. 15 et 16.

Ces deux figures semblent se demander raison de l'expression si différente de leur habillement. L'habit, le pantalon et le gilet de la figure 15, sont graves et semblent appartenir à un homme qui s'habille plus pour lui que pour les autres; c'est sa commodité, c'est le confortable qu'il recherche avant tout.

La figure 16 représente un homme jeune qui aime à suivre les modes, son habit trop étroit pour être boutonné, la manière de mettre sa cravate, et les garnitures de son pantalon, prouvent qu'il s'accommode volontiers des nouveautés.

Planche 9.

Fig. 17 et 18.

Par le rapprochement de ces deux figures, nous avons voulu rappeler le spencer, du nom de Lord Spencer qui fut le premier à porter ainsi une veste ronde sur un habit, la culotte à mollet, et l'ensemble d'un genre d'habillement long-temps regretté par un grand nombre de personnes qui en firent usage autrefois avec succès.

Ces costumes n'ont jamais été entièrement abandonnés, parce qu'ils eurent une vogue prodigieuse, et que souvent la mode a des caprices et des fantaisies fondés sur des motifs bien entendus.

L'ouverture horizontale de la poche du spencer sur la poitrine laissait souvent sortir à dessein un joli foulard, et contribuait à donner au costume un air pittoresque.

La manière de poser les poches aide sans contredit à la grâce autant qu'à la commodité du vêtement.

Le spencer n'est commode que pour les personnes qui ne craignent pas le froid aux parties inférieures.

Planche 10.

Fig. 19, 20, 21, 22, 23.

Elles représentent : 1° Les cinq degrés de rapprochement du haut des basques, donné par leurs différentes largeurs du haut.

2° Plusieurs coupes de bas de gilets.

3° Plusieurs croquis de hauts de pantalons.

La basque la plus échancrée au bas du revers, est celle de la figure 20, qui représente le devant de l'habit vu par derrière, figure 25, planche 11ᵉᵐᵉ; les figures 19, 21, 22 et 23, sont également la partie opposée des figures 24, 26, 27 et 28 de la même planche. Le genre de la figure 20 est fort gracieux pour l'extrême jeunesse; mais il est trop découvert pour les personnes qui s'habillent avec une pensée de gravité. Cet habit vu par devant ne diffère presque pas de la veste ronde, dont il produit l'effet. La figure 19 au contraire offre le genre le plus étoffé et le plus sérieux; et malgré toutes les modes qui voudraient s'y opposer, cette coupe de basque devra toujours être réservée pour les personnes d'un âge avancé. Ce genre est non-seulement étoffé et grave, mais il remplit en outre une autre condition, difficile et essentielle à ce genre de vêtement, celle de couvrir le plus possible les parties inférieures du corps.

Les figures 21, 22, 23, occupant les degrés intermédiaires aux figures 19 et 20, seront le plus ordinairement employées pour la presque généralité des hommes, sur-tout pour la coupe des habits très habillés qui n'admet rien d'outré dans son ensemble.

En faisant voir un pantalon de fantaisie, froncé et à petit pont sur la figure 20, et un pantalon encore plus négligé sous la figure 19, nous avons voulu avertir que les genres représentés par ces deux figures étaient plus particulièrement applicables aux genres d'habits de fantaisie qu'ils représentent.

Les revers d'habits des cinq croquis représentés sur la planche 10, ont été dessinés assez courts pour laisser voir le bas des gilets, mais il ne faut pas penser que nous ayons voulu prouver qu'il en devait être le plus ordinairement ainsi : la mode et le goût à cet égard varient beaucoup. Nous n'avons laissé passer les cinq bas de gilets, que pour rappeler que l'on doit varier la coupe de cette partie du costume ; les revers trop longs donnent un air lourd et vieux. Sans jamais se jeter dans l'extrême des revers trop courts, il faut adopter la longueur qui concilie l'élégance de la coupe à la grace du corps.

C'est la hauteur des hanches qu'il faut prendre pour règle et ne faire descendre les revers plus bas au-dessous de leur niveau que de 3 ou 4 centimètres, au plus, quand on les portera longs.

Si l'on veut porter des revers courts, il ne faut les fixer qu'à un ou deux centimètres au-dessus du niveau des hanches.

Planche 11.

Fig. 24, 25, 26, 27, 28.

Ces figures représentent :

1o Cinq largeurs différentes de taille.

2o Cinq coupes différentes de basques d'habit.

3o Deux basques d'habit sans pates, comme objet de goût et de comparaison.

4° Trois basques d'habit avec pates pour différents degrés de hauteur de hanches.

5° Enfin plusieurs genres de faire les plis de la taille.

La mode a toujours prescrit des tailles plus ou moins larges, plus ou moins longues ; mais toujours aussi, il y a eu un très grand nombre de personnes qui, refusant de se soumettre aux lois de la mode, ont voulu avoir des tailles d'habit selon leur goût.

En plaçant sur la même planche cinq largeurs différentes de tailles, nous avons voulu que chacun pût choisir celle qui lui conviendrait le mieux, et prouver que les amateurs les plus zélés du changement de mode auront toujours dans notre méthode de quoi se satisfaire sur ce point ainsi que sur tous les autres.

En offrant cinq coupes différentes de basques de la plus ample à la plus étroite, nous avons également voulu représenter l'effet produit par ces différentes coupes comparées entre elles. Malgré l'empire de la mode, l'on fait toujours à la même époque et dans les mêmes ateliers, des basques de toutes les largeurs. Le goût varie aussi bien pour la dimension des basques que pour la largeur des tailles. Il ne faudrait pas croire pourtant que toutes les coupes de basque sont également propres à recevoir toutes les largeurs de la taille, car la figure 25 ne serait pas mieux avec la large taille de la figure 24, que la figure 24 avec la taille étroite de la figure 25 : l'application des extrêmes largeurs de tailles est plus facile sur les figures intermédiaires 26, 27 et 28 ; mais encore faut-il faire l'application de ces

genres extrêmes, en la modifiant un peu. La basque
est une des parties les plus influentes sur la tournure
de l'habit; elle est appelée par son degré de perfection
ou d'imperfection à augmenter, conserver ou diminuer la grâce du corps. Une basque qui n'est point
taillée pour l'aplomb du corps, suivant le degré de cambrure de la taille pris de haut en bas, et de bas en
haut, va rarement assez bien. Pour parvenir à cette
perfection qu'on recherche, il faut encore avoir égard
à la circonférence du bas du torse, prise sur le plus
gros des hanches, et au degré de protubérance des hanches, comparé avec le degré de circonférence du bas
du buste. L'absence de pates caractérise à elle seule
un genre particulier d'habit qui est qualifié par un
grand nombre de personnes du nom de fraque ou frac :
ce genre ne convient guères qu'aux hommes de petite
ou de moyenne taille. Un homme très grand et mince
qui porte un habit sans pates perd de sa grâce naturelle, parce que ce genre de vêtement le grandit outre
mesure, relativement à sa grosseur.

La pate placée sur la figure 24 a été dessinée un
peu large, pour la mettre en harmonie avec la dimension des basques; elle pourrait être carrée, mais elle a
été dessinée à trois pointes, pour rappeler que ce genre
de pates peut être quelquefois adopté. La manière
dont cette pate est placée, démontre que la hanche qui
tient à ce buste est bien faite, n'étant ni trop haute
ni trop basse ; la couture horizontale du bas du corsage
est peu inclinée vers le bouton de la taille. La pate
placée sur la figure 26 est un peu étroite ainsi qu'on

les porte depuis plusieurs années : la manière dont
elle est placée, montre que la hanche sur laquelle elle
repose est d'une élévation au-dessus de la moyenne. La
figure 27 offre les hanches les plus élevées, qui exigent
une coupe de basques hautes sur le milieu des hanches et inclinées par derrière et par devant. Cette coupe
permet au corsage de venir, d'une part, baisser la taille
au-dessous de sa place naturelle, et de l'autre, faire descendre le revers de l'habit au niveau de la hauteur de la
taille, ainsi améliorée pour ceux dont la conformation
exige cette espèce d'amélioration. Si la mode des tailles
courtes était généralement adoptée, il serait inutile
d'employer ce moyen, et la basque serait taillée comme
pour la figure 24, à l'exception seulement qu'il faudrait la laisser plus longue sur le corsage, afin d'envelopper l'extrême protubérance des hanches.

Les plis de la taille de ces différentes coupes de basques peuvent être modifiés suivant la mode et le goût,
avec une extrême facilité. Toutes les basques peuvent
recevoir le genre de plis de la figure 28, et cette figure
peut elle-même admettre les plis des autres basques.
Les plis sont simples quand ils sont comme ceux de la
figure 25 qui n'a point de faux plis rapportés; ils sont
doubles quand il y a un seul faux pli, comme à la
figure 28.

Nous avons confectionné beaucoup d'habits ayant
des plis triples et même quadruples, qui produisent un
bon effet, ainsi qu'on peut en juger par l'examen de la
figure d'amazone 137, planche 48.

DU GILET.

Le gilet est une des parties les plus gracieuses du costume. La variété de ses formes, des étoffes qu'on emploie à le confectionner, des dessins ou des couleurs dont on le compose, tout concourt à faire du gilet l'objet qui se prête le plus au développement du goût. Il met en œuvre plusieurs branches importantes du commerce et de l'industrie; ce qui démontre, plus que tous les raisonnements possibles, sa grande utilité dans l'habillement de l'homme. Il est ainsi tout à la fois un objet de luxe, de goût, de mode et de parure. Plus sujet à varier dans sa forme qu'aucune autre partie du costume, il est propre à satisfaire toutes les fantaisies les plus diverses. La passion des gilets nouveaux est quelquefois poussée au dernier degré par certaines personnes qui ne peuvent voir une étoffe de leur goût sans éprouver le désir d'avoir un gilet de cette étoffe.

Plus que toute autre partie de l'habillement, le gilet peut être un objet de cadeau offert par l'amitié. Nous avons vu un schall cachemire du prix de quatre mille francs, être coupé en huit parties, destinées à se transformer en gilets qui devaient orner les heureux possesseurs d'un aussi considérable témoignage des sentiments d'amitié de la personne qui le leur offrait.

Le gilet exige une très grande perfection dans la coupe et dans la confection. S'il manque d'aplomb, faute de mesures exactes, il sera toujours défectueux et cependant un gilet de bon goût et bien confectionné est ce qui achève de donner à la toilette son dernier caractère de régularité et d'élégance. Les principaux avantages du gilet sont, en effet, d'aider à la grâce du corps par la perfection de la coupe, de rehausser l'éclat ou le teint de la figure par la couleur, et de relever la toilette par la qualité ou la beauté de l'étoffe mise en œuvre.

Tous les genres de gilets ne sont pas également de nature à exiger l'emploi des belles étoffes. Il en est qui conviennent seulement aux occupations les plus ordinaires de la vie. Il en est d'autres qui sont mieux portés, comme parure, dans les grandes réunions de salon.

Les grands dessins vont mal aux hommes de petite taille ; les grands schalls, les larges revers sont mieux portés par les hommes d'une taille élevée, et dont les traits du visage sont fortement caractérisés.

Nous avons reproduit le gilet de quarante manières différentes, pour qu'il fût plus facile de choisir ceux dont la forme peut le mieux s'approprier aux diverses circonstances dans lesquelles on désire s'en habiller. Bien qu'il semble facile à confectionner, nous ne saurions trop recommander d'avoir égard aux considérations précédemment développées dans le deuxième livre, pour arriver à la perfection nécessaire à cette gracieuse partie de l'habillement.

Planche 12.

Fɪɢ. 29, 30 31, 32, 33.

DES GILETS HABILLÉS A UN SEUL RANG DE BOUTONS.

La figure 31 et la figure 32 représentent les coupes les plus extrêmes du gilet habillé. Les figures 29, 30 et 33, présentent des coupes intermédiaires qui sont plus généralement adoptées, parcequ'elles n'ont rien d'exagéré. La figure 29 est celle qui plaît au plus grand nombre. La figure 31 n'a point de boutons par-devant, bien qu'elle pût en avoir : nous avons voulu indiquer par là la possibilité de fermer les gilets par derrière.

Planche 13.

Fɪɢ. 34, 35, 36, 37, 38.

GILETS A SCHALL A UN SEUL RANG DE BOUTONS.

Ces cinq formes de gilets à schall appartiennent au genre habillé : la figure 37, qui est boutonnée jusqu'au nœud de la cravate, cache un peu trop le linge pour faire partie de la toilette des salons ; mais cependant, depuis quelque temps, la mode des vêtements fermés a tellement prévalu, que ce genre de gilet a même été adopté pour le costume habillé.

Planche 14.

Fig. 39, 40, 41, 42, 43.

CINQ GILETS DIFFÉRENTS

La figure 39 représente un genre de gilet très habillé fermé à deux rangs de boutons, échancré sur la poitrine pour laisser voir le linge ; le collet est adhérent au corsage.

La figure 40 est celle d'un gilet à cran avec un collet droit suivant la coupe du devant. Ce genre est un peu moins exagéré que celui de la figure 39 : il est aussi très habillé.

La figure 41 rappelle une partie du costume du temps de François Ier. Nous l'avons admise dans cette collection, parce qu'un assez grand nombre de jeunes gens qui nous l'avaient fait confectionner, ont essayé récemment de la faire revenir de mode.

La figure 42 est un genre nouveau qui a été encore peu porté : bien qu'il n'y ait pas de cran à l'encolure, on doit en laisser un en raison du meilleur effet qu'il produit.

La figure 43 est un genre de gilet qui plaît pour la

toilette du matin ; le collet est très bas et le cran très grand , afin de laisser voir le plus possible la beauté de la cravate.

Planche 15.

Fig. 44, 45, 46, 47, 48.

CINQ GILETS NON HABILLÉS.

Les figures 44 et 45 ne diffèrent entre elles que par la forme arrondie ou carrée de la partie tombante du collet.

Les figures 47 et 48 proviennent d'une seule et même coupe. Ce gilet est fait pour rester fermé, mais nous avons voulu démontrer la possibilité d'obtenir plusieurs genres par la manière de porter son gilet : il suffit de faire tomber le collet par derrière sur le haut des épaules pour que le gilet s'ouvre par devant. La figure 46 offre un genre de gilet d'hiver fort chaud, élégant et commode, sur-tout pour jouer au billard en sociétés particulières. Ce genre de gilet peut être fermé avec deux rangs de boutons ; mais lorsqu'il est garni en peluche de soie ou en fourrure, il vaut mieux le fermer avec des tresses : on le fait presque toujours en étoffe de soie noire.

Planche 16.

Fɪɢ. 49, 50, 51, 52, 53.

CINQ FORMES DIFFÉRENTES DE GILETS A REVERS.

Les figures 49 et 52 n'ont qu'un rang de boutons quoiqu'elles soient à revers afin de varier le goût de cette espèce de gilet. Ce genre produit toujours un effet gracieux. Les gilets à revers, sont parfaits pour les personnes qui ont besoin d'avoir chaud à la poitrine. Ils accompagnent mieux la toilette d'un homme de grande taille, que celle d'un homme de petite taille.

Planche 17.

Fɪɢ. 54, 55, 56, 57, 58.

CINQ GENRES DE GILETS , DONT TROIS A REVERS , UN HABILLÉ ET UN BOUTONNÉ DROIT.

Le gilet, figure 54, est un genre qui habille très bien, parce qu'il dessine parfaitement le haut du buste. Son collet est étroit et assez court pour laisser voir tout le nœud de la cravate. La figure 55 représente le gilet à large poitrine, habillé. Ce genre ne serait pas supportable sans jabot : il doit être porté avec un habit un peu avancé de la poitrine de bas en haut.

La figure 56, à croisure progressive, a de l'élégance : son collet court et haut laisse voir à dessein tout le devant du col.

La figure 57 rappelle le plus grand revers. Le gilet de la figure 58 est applicable aux hommes très grands et d'un caractère de physionomie à peu près semblable à celui de la figure qui porte ce gilet.

Planche 18.

Fig. 59, 60, 61, 62, 63.

CINQ GILETS DIFFÉRENTS.

Ces cinq figures représentent une même coupe de corsage. La forme du collet est la seule qui varie, et par cette seule modification, on pourrait multiplier encore le genre de cette espèce de gilet, en donnant de nouvelles formes au collet.

La figure 61 est fermée par derrière, du haut du collet jusqu'à la ceinture, au moyen de boutons pour la partie supérieure et d'une boucle pour la partie inférieure.

La figure 63 se ferme par devant au moyen d'une sous-pate qui reçoit les boutonnières comme on le

pratique pour l'ouverture des pantalons à l'enfourchure.

De l'habillement des Enfants.

C'est une des joies les plus vives que puisse éprouver une mère, que celle de voir son jeune enfant gracieusement habillé : aussi nous avons cru devoir consacrer à l'habillement des enfants, la même attention
qu'aux autres parties de notre art.

Le costume des enfants peut être divisé ainsi qu'il
suit.

Le petit matelot pour le plus bas âge, c'est-à-dire
de trois à six ans au plus. Figure 71, planche 21.

La veste ronde avec gilet et pantalon pour tous les
âges de l'enfance. Figure 65, 67, 69 et 70.

La redingote plissée très courte avec le pantalon
plissé. Figure 64.

La redingote à petit schall. Figure 66.

La redingote à corsage plissé avec des épaules rap-
portées, collet fichu. Figure 68.

L'habit-veste droit pour l'âge de 12 à 15 ans et au-
dessus : genre de la Figure 13.

Nous nous sommes souvent occupés, sinon de suppri-
mer tout-à-fait les bretelles du moins de rendre leur
action moins pesante aux hommes ; à plus forte raison
nous avons dû nous occuper avec plus de sollicitude,
d'alléger les épaules des enfants de ce pesant fardeau.
Pour y parvenir nous avons fait des gilets dont les

épaulettes occupent toute la largeur de l'épaule : ce qui fait peser sur toute cette partie la pression qui s'opérait sur un moins large espace, et nous avons ajouté une petite pate élastique à l'endroit du gilet où vient se boutonner le pantalon ; de telle sorte que la pression occasionée par les mouvements du corps, est adoucie en se repartissant, et diminuée par l'élasticité de la pate.

Jusqu'à l'âge de quinze ans, le plus joli costume de l'enfance, c'est la veste ronde : il est aussi le plus économique. Rien n'est moins gracieux qu'un habit ou une veste à basques pour les enfants de tout âge, aussi nous sommes-nous abstenus d'en mettre dans notre recueil de figures.

Les différents genres de collets, de revers et de manches d'habits et de redingotes, sont applicables à la veste ronde.

Pour prendre mesure de la longueur de la veste ronde, il faut mesurer la longueur du dessous de l'aisselle à la hanche, et marquer deux chiffres, le 1er, pour la hauteur de la hanche, le 2e, pour la longueur réelle à donner à la veste.

Dans la confection, le bas du corsage devra être tendu dans toute la partie qui descendra sur la hanche, de manière à ce que la veste couvre et dessine le bas du buste sans remonter.

La petite tunique à basques courtes, représentée par la figure n° 68, est d'un joli effet sur les enfants qui ont le buste à cône renversé.

Planche 19.

Fig. 64 , 65, 66, 67 , 68.

CINQ VÊTEMENTS D'ENFANT.

Les règles que nous avons données dans le deuxième livre, sur la nécessité d'étudier et de mesurer toutes les conformations, sont également applicables aux enfants. Pour la confection des costumes représentés par cette planche, il faut avoir égard à tout ce que nous avons dit précédemment.

Planche 20.

Fig. 69 et 70.

DEUX VESTES, DEUX PANTALONS D'ENFANT DE 12 A 14 ANS.

Même observation que pour la planche 19.

Planche 21.

Fɪɢ. 71, 72, 73.

LE GRAND PAPA AVEC SES DEUX PETITS ENFANTS.

Ces trois costumes sont parfaitemement en harmonie et forment un petit tableau assez expressif. C'est ainsi que le costume doit être approprié à tous les âges.

Planche 22.

Fɪɢ. 74, 75.

LA REDINGOTE A PATES, COLLET A SCHALL GARNI D'UNE TRESSE PLATE SUR TOUS LES BORDS, MANCHES A UNE SEULE COUTURE.

Ce genre de redingote est peut-être le plus élégant de notre système d'habillement. Cette redingote en drap bleu, le pantalon collant en fort tricot de coton blanc, les bottes molles et fines seront toujours une des plus jolies mises pour l'homme qui peut s'habiller comme il lui plaît. La beauté de ce costume lui donne une sorte de recherche qui ne peut pas convenir à un grand nombre de personnes.

Planche 23.

Fɪɢ. 76, 77.

DEUX REDINGOTES DROITES; PANTALON FERMÉ AVEC TROIS BOUTONS AU BAS DE JAMBE.

Ces deux redingotes ont cela de remarquable, que celle de la figure 77 est très ouverte sur la poitrine pour laisser le linge à découvert et qu'elle a une basque au 4ᵐᵉ degré d'ampleur, tandis que la figure 76 a une basque qui est taillée au 2ᵐᵉ degré.

Planche 24.

Fɪɢ. 78, 79.

DEUX REDINGOTES, DEUX GILETS, DEUX PANTALONS ET GUÊTRES LACÉES.

La figure 78 est confortablement habillée : la redingote est taillée pour être boutonnée au besoin, et cependant, ouverte, elle a beaucoup de grâce. Le gilet est d'un genre très distingué. Le pantalon est des plus commodes, il a en outre l'avantage de pouvoir être mis et quitté très facilement. Il est un peu court pour laisser voir la guêtre lacée qui donne à cette figure un air d'assurance. L'ensemble de ce costume plaira long-temps parce qu'il est à la fois commode et agréable : ce genre n'a rien d'outré.

La basque de la figure 79 est échancrée comme pour simuler la basque d'habit. Cette coupe a été peu portée, cependant on l'a toujours regardée comme étant d'un bon effet.

Le collet est de forme à schall pour ce qui touche au devant du gilet; mais sur l'épaule il est de forme pointue, de manière à produire l'effet d'un collet carré vu par derrière.

Planche 25.

Fig. 80, 81.

REDINGOTE DROITE AVEC LA BASQUE DE LA PLUS GRANDE AMPLEUR; MANCHE A UNE SEULE COUTURE.

Cette ampleur de basque convient beaucoup aux hommes qui ont la partie inférieure du torse très forte comparativement à la grosseur du bas du buste à la taille. Pour les hommes d'une conformation opposée, elle ne peut bien aller qu'avec de la ouate aux hanches et par derrière, lorsque la mode ou le goût veulent que la taille soit plus haute que les hanches. Plus la taille devient courte, et moins l'on doit employer la basque de la plus grande ampleur, c'est-à-dire, le 5me degré.

Planche 26.

F ɪ ɢ . 82, 83.

REDINGOTES A SCHALL

Ces deux figures sont habillées dans un rapport parfait avec leur âge. Un ancien guerrier aime assez ordinairement le genre de redingote à tresse que porte le
général ; et la figure de celui-ci contraste avec celle du
jeune homme auquel il adresse vraisemblablement le
reproche de faire de trop gros mémoires chez son tailleur.

Planche 27.

F ɪ ɢ . 84, 85.

POLONAISE CHAMARRÉE.

La polonaise se distingue des autres genres de redin.
gote par sa coupe militaire , par la richesse de la cha-
marrure qui la couvre , ou par son extrême simplicité.
Il y a des polonaises très riches de dessin, qui coûtent

jusqu'à quatre cents francs ; ce prix élevé est la principale cause qui fait que ce costume n'est pas plus généralement adopté. La redingote garnie d'une large tresse
sur tous ses bords et agraffée sur une sous-pate , est la
plus recherchée à cause de la modération de son prix.
La polonaise sera toujours un costume distingué.

Planche 28.

Fɪɢ. 86 , 87 , 88 ,89 , 90.

CINQ CORSAGES DE REDINGOTES CROISÉES POUVANT ÊTRE
ÉGALEMENT ADOPTÉSPOUR HABIT DE FANTAISIE.

La coupe de ces cinq corsages ne diffère que dans
les revers et le collet pour qu'on puisse apprécier la
différence du genre.

Planche 29.

Fɪɢ. 91 , 92 , 93 , 94.

QUATRE BUSTES REPRÉSENTANT L'INFLUENCE DE LA COUPE ET
DE LA CONFECTION SUR LA FORME APPARENTE DU CORPS.

Ces quatre bustes ont la même circonférence du
haut et du bas ; ils ont la même conformation du

corps. Quant à la hauteur des épaules et à la courbure
du dos, ces figures ont aussi le même diamètre pris
d'un côté de l'aisselle à l'autre et du dehors de l'épaule
à l'autre; cependant, à la vue, les figures 93 et 94
paraissent bien plus fortes, par la raison que ces dernières sont habillées avec un corsage taillé exprès pour
élargir le dessus de l'épaule, le dos et la poitrine, et que
les autres figures sont habillées suivant les articulations du corps. Les corsages 93 et 94 sont fortement
ouatés sous le bras et autour de l'emmanchure; les
autres figures n'ont qu'une légère garniture au-dessus
de l'épaule et sur la poitrine. La coupe des figures 93
et 94 est très élégante; mais elle ne convient guère
qu'aux vêtements qui doivent être portés toujours
fermés, parce que l'attachement de la manche se trouvant placé hors de l'articulation, l'habit s'échappe trop
facilement du corps.

Les coupes qui habillent les deux figures 91 et 92
sont celles qui gênent le moins.

Planche 30.

Fig. 95, 96, 97, 98, 99.

CINQ BUSTES REPRESENTANT CINQ GENRES DE COLLETS ET
QUATRE GENRES DE REVERS.

Les revers des figures 95 et 96 sont du genre militaire; cependant les revers de la figure 96 sont applicables à la grande redingote bourgeoise.

Nous avons quelquefois employé les revers de la figure 99 pour un genre d'habit et de redingote uniquement destiné à l'exercice du cheval; mais ce genre n'a jamais été adopté que par un très petit nombre de personnes.

La figure 98 est celle d'un homme de plus de 60 ans qui est vêtu chaudement et d'une manière aisée; le collet à la saxe permet, mieux que les autres genres, de fermer les revers. Le bout des manches doit avoir des parements ronds; des pates un peu larges seront placées sur les hanches, pour que toutes les parties de cette redingote aient le caractère de gravité et d'utilité qui convient à l'ensemble d'un tel vêtement.

La figure 97 offre la forme de redingote qui est le plus habituellement en usage, avec une légère modification aux revers et au collet.

Planche 31.

Fig. 100, 101, 102, 103, 104.

La figure 100 offre à la vue un genre très élégant de redingote. Son collet-pélerine est d'une exécution difficile, mais, lorsqu'il est bien fait, cette redingote est une des plus jolies qu'on puisse imaginer.

La figure 101 sera toujours d'un genre agréable, à cause de la forme gracieuse du collet et des tresses et des olives qui ornent la poitrine.

La figure 102 est un genre très distingué de redingote d'été.

La figure 103 représente la polonaise simple dont nous avons déjà parlé.

La figure 104 représente la polonaise militaire plus particulièrement à l'usage des officiers supérieurs en retraite.

Planche 32.

Fig. 105, 106.

REDINGOTE D'HIVER VUE OUVERTE ET FERMÉE; GILET BOUTONNÉ.

Ce genre de redingote est un de ceux que l'usage a consacrés avec le plus de raison, parce qu'il réunit tous

14

les principaux avantages de cette espèce de vêtement.

Une poche longitudinale se trouve sur le côté des basques par le double motif :

1º Qu'elle aide , ainsi placée , à une meilleure pose du corps , en ce que plus cette poche est voisine de l'articulation de l'épaule , et moins le dos se courbe pour en faire usage ;

2º Parce qu'il est utile de dissimuler le plus possible l'ouverture d'une poche, qui, servant de contenance au corps , doit s'user plus vite que les autres parties du vêtement.

Dans les belles journées d'hiver , on aime quelquefois à se déboutonner , et dès lors il est agréable qu'une redingote puisse rester gracieusement ouverte. Celle que nous reproduisons ici offre cet avantage.

Planche 33.

Fig. 107.

Cette figure représente un genre de redingote le plus gracieux et le plus habillé que l'on puisse porter comme pardessus. Cette redingotte convient sur-tout pour les promenades d'hiver et les courses en tilbury. C'est ainsi qu'elle procure tous les avantages du manteau et du carrick, sans en avoir les embarras et les inconvénients.

Il convient de remarquer la confection particulière

de ce vêtement- On le fait en drap imperméable. Le dessus des manches, le haut du dos et la poitrine sont doublés par des pièces de même étoffe. Mais alors il faut que ces rapports soient exécutés avec le plus grand soin et garnis d'un double rang de piqûres. De cette manière, en préservant mieux de l'action du froid, ils ajoutent de nouveaux effets de grâce et d'élégance à ce vêtement déjà si avantageux par lui-même.

Les basques doivent être taillées au quatrième degré d'ampleur, afin qu'elles puissent couvrir complétement les cuisses lorsqu'on est assis. Les boutonnières sont faites, non sur une sous-pate, mais sur la doublure même du devant. Ce genre de confection convient mieux pour fermer la redingote le plus hermétique-ment possible.

FIG. 108.

Ici se présente un costume qui peut allier la noblesse et la grandeur à l'élégance et la commodité. Il a toute la richesse et toute l'ampleur du costume musulman sans rien perdre de son caractère national.

Remarquez, en effet, combien il se prête au déve-loppement naturel des formes de celui qui en est revêtu. Il sert à préserver du froid en même temps qu'il donne un air de dignité et qu'il relève tout le mérite d'une toilette destinée à briller dans une grande soirée ou dans un bal.

14*

Ce pardessus, en effet, ne laisse rien à desirer sous tous les rapports. Comme habillement d'hiver, il réunit deux qualités essentielles : il est tout à la fois léger et chaud, parce qu'il est confectionné en drap fin, moelleux et bien tissé. Les basques en sont doublées avec un velours peluche, dit du nord, et fabriqué par les premières manufactures de Lyon. Le corsage est légèrement ouaté. Comme objet de toilette, sa coupe et sa confection spéciales en feront toujours un habillement remarquable, comme perfection de ce genre particulier de vêtement et par suite du fini qui règne dans tous ses moindres détails.

Planche 34.

Fig. 109, 110.

REDINGOTE PARDESSUS, DITE ABRI-GALANT.

Cette redingote *pardessus* est très étoffée et du meilleur goût : son grand schall de fourrure, sa grande basque, sa ceinture et sa poche-manchon, en font un genre fort distingué qui constitue un vêtement de haute société.

Les poches-manchons qui se trouvent placées de chaque côté du corps, sont très commodes et offrent un caractère de galanterie qui n'appartient qu'à ce vêtement. Par un temps froid, lorsqu'une dame se trouve au bras de celui qui porte ce pardessus, elle peut réchauffer tour-à-tour ses jolies mains dans la poche-manchon.

Cet habillement peut être embelli par des tresses et des brandebourgs : l'essentiel est de lui conserver sa poche-manchon.

Planche 35, 36.

Fig. 111, 112, 113, 114.

GRANDE REDINGOTE ROBE-DE-CHAMBRE.

Les quatre figures représentées par les planches 35, et 36 appartiennent au même genre de redingote. Nous avons cru devoir le reproduire sous quatre points de vue différents, afin qu'on pût en apprécier tous les divers genres de grâce et de mérite. Nous avons reconnu que cette forme de robe-de-chambre était une de celles qui plaisaient le plus à la généralité de nos commettants. Sa basque est taillée en deux grandes parties cousues sur le côté; son ampleur est la plus grande de toutes, à cause de sa grande croisure et du genre étoffé qui est le caractère distinctif du vêtement auquel elle appartient. La poche placée sur le côté des hanches, sur la couture qui réunit les deux parties de la basque, est très commode.

Cette coupe de robe-de-chambre peut être adoptée pour pardessus, en se conformant au changement voulu par la différence de l'espèce de vêtement, et cette différence est la même qui existe entre un corsage de redingote simple et un corsage de pardessus.

DE LA ROBE-DE-CHAMBRE.

La robe-de-chambre joue un grand rôle dans le costume aristocratique; celui qui a un domestique nombreux, ne doit pas craindre ce vieil adage : *il n'y a pas de héros vu en robe-de-chambre.*

La robe-de-chambre ne fait pas, il est vrai, le héros, mais elle distingue parfaitement le maître du serviteur et donne un air de dignité qui, loin de nuire, impose un certain respect aux gens que l'on emploie.

Le cachemire, la soie, le chaillis, sont les robes-de-chambre de luxe ; le mérinos, le coating, la castorine, l'espagnolette, le molleton, sont les robes-de-chambre utiles, indispensables en hiver.

Le tissu de coton à fleur, à bouquet et à raies, à grands ou petits dessins, sont les étoffes qu'on emploie pour robes-de-chambre ordinaires en été.

Planche 37.

Fig. 115, 116.

GRANDE REDINGOTE A PELERINE OU BALANDRAS.

Le balandras est un vêtement perfectionné sur l'ancienne casaque, qui a perdu ce dernier nom pour recevoir celui de balandras. Ce pardessus tel que nous le représentons ici, est d'une grande utilité. Il est chaud, gracieux, commode et élégant. Son genre peut être varié en le fermant avec des pattes ou avec des tresses flottantes. Il n'a rien d'outré qui puisse en faire redouter l'usage; et malgré le caprice de la mode qui adopte ou rejette par intervalles cette redingotte à pélerine, il y a toujours un certain nombre de personnes qui en font usage. La pélerine peut varier un peu dans sa longueur, mais ainsi qu'elle est ici reproduite, elle est telle que le comporte le balandras, dont la taille parfaitement dessinée doit être à découvert.

Les plis des basques sont d'une espèce particulière et très nombreux; celui du milieu est doublé et placé à cheval où se trouve ordinairement le cran; les autres sont échelonnés vers les boutons. La grande ampleur donnée au derrière de la basque par cette multiplicité de plis, produit un effet assez gracieux.

La poche de la basque est placée un peu en avant :

cependant sur ce point il n'y a aucun inconvénient à suivre le goût de la personne qui désirerait lui donner une autre place.

Planche 38 , 39.

Fig. 117, 118, 119, 120.

DES CARRICKS.

Le carrick a reçu son nom du célèbre acteur anglais Carrick qui, le premier, en fit usage et s'en enveloppait au sortir de la scène.

Ce genre de pardessus est celui dont la vogue a été le plus soutenue jusqu'au moment où le manteau a reparu pour le remplacer. Il n'eût jamais perdu la faveur qu'il mérite en réalité , si tous les carricks faits autrefois, avaient réuni les divers genres de perfection que nous nous sommes attaché à reproduire dans les figures 117, 118, 119 et 120.

De nombreux défauts étaient au contraire accumulés dans la confection de cet habillement. La coupe était le plus généralement irrégulière et imparfaite ; les emmanchures étaient rarement en harmonie avec la mesure des épaules; le haut du corsage manquait presque toujours de cet aplomb si nécessaire non-seulement à toute espèce de vêtement , mais plus encore à ceux qui exigent une grande quantité d'étoffe. Ce manque d'aplomb donnait aux encolures un aspect disgracieux ; la partie basse du carrick n'avait aucune ampleur , et manquait ainsi de ce qui constitue nécessairement la grâce de toutes les basques de pardessus en général.

Aux avantages que le carrick réunit pour bien garantir des rigueurs du froid , il donne encore aux tailleurs les moyens les plus variés de développer leur goût. Ainsi la forme des pélerines permet d'en multiplier le genre de dix manières différentes , par le nombre , par les différentes coupes du collet. Celui-ci peut être relevé par une fourrure d'un grand prix. Enfin , l'élégance gracieuse de la coupe de ce vêtement , la perfection qu'on peut apporter à le confectionner, lui assurera à juste titre un mérite qui ne lui sera jamais contesté, quand les tailleurs s'attacheront à l'exécuter de manière à ne plus reproduire les vices de confection qui ont tant contribué à lui faire préférer le manteau ou d'autres genres de pardessus.

Planche 40.

Fig. 121 , 122.

DU PETIT MANTEAU.

Il existe un genre de petit manteau qui se porte d'une moyenne longueur, c'est-à-dire presque au-dessous du genou. Ce manteau se taille de plusieurs façons. Il est

tantôt plissé tout autour du cou comme une roulière ;
tantôt il est simplement taillé ainsi que le grand manteau rond, et l'on en a vu même ayant des épaules rap-
portées, ainsi que la figure n° 123 l'indique. Ce genre
de petits manteaux, qu'un grand nombre de personnes
qualifient de très grand collet, n'a jamais de pélerine ;
il a un large collet droit et se ferme ordinairement avec
une agraffe. Il se double sur le devant en velours, en
drap pareil ou en escot rouge ou bleu clair.

Ce petit manteau est en usage chez un grand nombre
d'officiers de cavalerie, qui le font servir comme grande
pélerine de leur capote de cheval, et à cette occasion
nous dirons que la coupe de la capote militaire pour
monter à cheval, est tout-à-fait celle du carrick, figure
120, avec cette différence qu'elle est ouverte jusqu'à la
taille, au moyen d'une ligne de boutons qui servent à la
fermer pour aller à pied.

DU MANTEAU-PELISSE.

Ce vêtement est plus propre que le précédent pour
servir à la grande toilette. Il est plus chaud, mais il
ne peut être porté à cheval qu'au moyen d'une ampleur
incommode ou d'une ouverture qu'on laisse au dos depuis les reins jusqu'en bas ; mais alors la croupe du
cheval et le porte-manteau restent à découvert. La
coupe de ce manteau permet d'en varier l'ampleur. Le
manteau-pelisse peut être fait en drap léger, parce
qu'il est taillé en droit fil. Il est presque toujours doublé

en entier , ce qui le rend solide. Il garantit du froid aussi bien que tout autre manteau , quand il est ouaté avec soin. La disposition de l'ampleur le rend gracieux, commode et très facile à porter; mais il ne peut être jeté sur l'épaule.

Ce manteau peut avoir des manches , mais elles doivent toujours être d'une extrême largeur. Plusieurs étoffes servent à la doublure de ce vêtement , suivant l'usage auquel on le destine le plus habituellement et la richesse qu'on veut lui donner. Le velours , la peluche, la levantine et le croisé de soie , sont presque toujours employés pour les doublures des devants. Le collet se fait en fourrure, en velours ou en peluche.

La grandeur de la pélerine varie suivant le goût , la mode ou l'utilité , mais il vaut mieux la faire un peu plus grande que trop petite. En effet , rien n'est plus disgracieux qu'une pélerine qui couvre à peine le dessus des épaules , ainsi qu'on en voit sur presque tous les vieux manteaux.

La figure 122 représente le manteau-pelisse. Ce manteau peut avoir ou ne pas avoir de pélerine , mais cette pélerine devra toujours être d'une hauteur moyenne. Les pélerines trop petites sont toujours mesquines et d'un effet désagréable. Celles de la figure 120 ne sont jamais ridicules, malgré les variations de la mode.

Planche 41.

Fig. 123.

DU MANTEAU PLISSÉ A ÉPAULES COUSUES.

Ce manteau se fait absolument semblable au manteau-pelisse ordinaire, avec cette différence que le
corps du manteau se trouve cousu à une simple pélerine un peu plus ample que la dimension naturelle des
épaules. Cette confection a l'avantage de ne pas placer autour du cou une quantité de plis nuisibles à la
commodité sans rien ajouter au perfectionnement du
vêtement : il en résulte que la coupe des manteaux à
épaules cousues doit être préférée, lorsque ces manteaux
doivent être portés avec des vêtements habillés.

Fig. 124.

DU GRAND MANTEAU ROND.

La coupe de ce vêtement le rend propre à l'exercice
du cheval plus que le manteau-pelisse. Il est facile de le
jeter sur l'épaule et de s'en draper noblement quand on
est à pied : ce sont-là ses seuls avantages. Les inconvénients de ce manteau sont d'être plus pesant, en raison

de la disposition de la coupe qui, plaçant la plus grande quantité du drap dans la partie inférieure, le rend insupportable, sur-tout quand il est mouillé. Un autre inconvénient plus grand encore, c'est qu'il n'est point chaud naturellement, et qu'il n'échauffe qu'en fatiguant, attendu qu'il faut toujours employer un drap un peu fort qui, se trouvant taillé en biais dans plusieurs de ses parties, se déchirerait par son propre poids, s'il n'avait pas la consistance nécessaire. La coupe de ce vêtement ne permet pas de le doubler partout; le devant seul se trouve garni, soit en velours de soie ou toute autre étoffe solide et de bon goût.

Ce genre de manteau ne comporte pas de grandes pélerines : celles qui sont trop petites sont cependant ridicules. Elles doivent avoir de 4o à 5o centimètres de hauteur, suivant la taille des personnes.

Le manteau se compose de trois parties qui se nomment ainsi : le corps, la pélerine et le collet. Le corps est composé de deux parties qui, réunies par une couture longitudinale au dos, n'en font plus qu'une. Le corps doit avoir trois longueurs différentes : celle du devant aura de 4 à 6 centimètres de moins que celle du derrière, et celle du côté de l'épaule, de 3 à 5 centimètres de plus que cette dernière.[1]

[1] Nous avons vu dernièrement du drap assez large pour suffire à toutes les longueurs du manteau : si l'on continue d'en fabriquer, l'on n'aura plus besoin de mettre les pièces propres à obtenir la longueur qu'on nomme *Chanteaux.*

Les agraffes , les cordons à glands ou les pates à boutons, sont les moyens en usage pour fermer les manteaux au collet. Les agraffes bien faites durent autant que le manteau , les cordons sont plus élégants, les pates plus commodes.

Chacun de ces moyens est demandé tour à tour par les personnes de bon goût.

Les collets peuvent avoir deux pates , l'une au pied sur la couture de l'attachement, l'autre au haut du collet. Cette dernière doit être étroite, afin de ne point empêcher la respiration lorsqu'elle sert à fermer le collet dans les moments de grands froids.

Planche 42.

Fig. 125, 126.

REDINGOTE A TAILLE MOBILE POUR ÊTRE PORTÉE SUR LE COSTUME DE VOYAGE, REPRÉSENTÉ PAR LA FIGURE 126.

Cette redingote est fort commode en raison de la facilité qu'elle donne de laisser avancer toute l'ampleur de la basque sur les cuisses ; mais ce genre n'est utile qu'aux personnes qui veulent des redingotes boutonnées à un seul rang de boutons, pour tous les usages de la vie. Du moment qu'on veut avoir une redingote très croisée, l'ampleur ordinaire suffit pour se préserver du froid et dès lors la taille mobile devient inutile.

La figure 126 est un costume parfait pour le voyage,
Cette veste ronde simple et élégante à la fois n'aura
rien d'embarrassant sous une redingote pendant la nuit,
et pendant le jour, elle sera des plus commodes pour
la marche ; sa jolie coupe, sa confection, ornée par une
tresse de soie, en fera un vêtement distingué et avantageux pour tous les hommes qui sont encore loin de la
vieillesse.

Le pantalon plissé avec ses grandes poches de côté
sera le petit magasin de cigarres ou le dépôt du tabac
à fumer. Une bande de velours, de même étoffe ou
de toute autre espèce, couvrira la couture du côté, et
alors le pantalon ne le cédera en rien pour la commodité et pour l'élégance à la veste dont il sera le
complément nécessaire.

Du costume de chasse.

La chasse est un des plus grands plaisirs de l'homme
qui aime cet exercice : une veste de chasse qui réunit
la commodité à la grâce est un vêtement préféré par
le chasseur aux plus beaux habits de salon. Pour
qu'une veste de chasse soit parfaite, il faut qu'elle laisse
aux mouvements des bras et du corps toute leur
liberté ; les emmanchures devront en être toujours
placées à l'articulation même de l'épaule ; la manche
ne sera pas trop étroite et sa longueur devra permettre le libre usage des mains. Les poches devront être
nombreuses, solides et commodes.

Le drap vert, le drap rouge, ou les velours coton pleins et croisés, sont ordinairement choisis de préférence pour ce vêtement. L'on se plaît si bien dans une veste de chasse qu'on finit par en faire son habit habituel, sur-tout à la campagne; et l'on peut dire avec vérité en parlant de la veste de chasse, ce que l'on dit de la robe-de-chambre, c'est encore un habit de bonheur.

Planches 43, 44, 45.

Fig. 127, 128, 129, 130, 131 et 132.

Ces figures représentent six costumes de chasse différents qui peuvent en produire un nombre très considérable, en empruntant à l'un ce qui ne plairait pas dans l'autre, ainsi que nous l'avons déjà dit pour tous les genres d'habits.

L'étoffe de la veste, figure 127, est en velours; le bas des basques et le collet sont arrondis; elle a quatre poches: deux sur les côtés, deux dans les plis de la taille.

Le pantalon est en peau de daim, fermé au bas de la jambe avec une ligne de ganses entrelacées.

L'étoffe de la veste de chasse, figure 128, est en drap vert, ses basques sont carrées, son collet est droit.

Le pantalon est en fort coutil russe, fabriqué à Laval; sa coupe est des plus commodes, parce qu'elle ne gêne pas les mouvements à cause de sa largeur, mais elle ne vaut pas le pantalon et la guêtre séparée de la figure 78.

L'étoffe de la veste de chasse de la figure 127 est en drap vert; le collet, les parements et les pates sont en velours de soie cramoisi; cette veste n'est portée que dans la haute société pour les grandes chasses.

La culotte se porte en velours blanc à petites côtes.

L'étoffe de la veste de la figure 130 est en velours bronze ou vert.

L'étoffe de la veste de la figure 131 est ordinairement en drap rouge; le collet, les pates et les parements sont en velours de soie noir.

L'étoffe de la veste de la figure 132 est en drap; le collet de cette veste est à deux fins. Il se ferme avec un bouton quand il est relevé, mais il peut également se porter baissé comme celui de la figure 131.

Les boutons de chasse varient de forme, d'espèces et de couleurs : l'on en fait en acier uni et à sujets; l'on en fait aussi de plaqués argent et or, unis ou à sujets, bombés ou plats. Il faut ici se déterminer suivant le goût des personnes, en remarquant que, pour les grandes chasses, il faut toujours des boutons d'un genre spécial.

Planche 46.

Fɪɢ. 133.

La figure 133 est un des genres les plus adoptés, parce qu'il est inhérent au système d'habillement en usage, et qu'il n'a rien, dans son ensemble, qui puisse paraître outré.

Cette robe-de-chambre peut être faite avec les produits des fabriques de Mulhouse comme avec les plus magnifiques étoffes de Lyon. Nous faisons cette observation, parce que les coupes de robes-de-chambre ne sont pas également propres à l'emploi des mêmes étoffes, et qu'il est des genres destinés à l'habillement des hautes positions sociales, qui ne sont parfaits qu'exécutés avec les produits destinés à la richesse.

Même Planche.

Fɪɢ. 134.

Robe-de-chambre, genre oriental. Cette robe-de-chambre est en grand usage dans la haute société : son ampleur extrême la rend très agréable ; ce genre de coupe exige en général l'emploi des plus belles étoffes.

Planche 47.

Fig. 135 et 136.

Ce genre de robe-de-chambre est de notre invention. Nous n'en avons fait de semblables que pour des personnes de haute position sociale, parce qu'elle se distingue par la hardiesse de sa coupe élégante sans rien perdre de sa commodité ; et que le costume qui sort de la règle commune par son expression, n'est demandé que par les personnes qui, par leur fortune et leur rang, sont au-dessus de toute critique quant à ce qui touche à leur habillement intérieur.

Planches 48 et 49.

Fig. 137 et 138.

DE L'AMAZONE.

Nous croirions n'avoir pas accompli notre tâche, si nous ne terminions ce livre par quelques explications particulières sur un genre d'habillement qui doit exciter, à un égal degré, et le goût et l'émulation des tailleurs. Cet habillement, qui dissimule les imperfections, qui rehausse l'élégance des formes, la majesté

15*

de la taille, l'éclat du teint, qui ajoute des beautés
nouvelles à un sexe déjà pourvu de tant d'attraits,
demande à notre art des ressources spéciales que seul
il peut lui fournir, et que nous nous sommes attaché
à bien étudier pour pouvoir les mieux faire connaître.
Nous voulons parler du gracieux amazone, de cet
habit tout à la fois grave, noble, léger; de cet habit qui
dessine si bien les contours sans leur rien ôter de leur
douceur et de leur pureté, qui donne une apparence
de force à un sexe si délicat, et que nous désignerions
presque comme le symbole de la grâce réunie au cou-
rage, si un tel langage nous était permis.

Avec un habit d'amazone, il n'est pas de femme qui
ne puisse prétendre à l'un de ces avantages extérieurs
qui assurent le mérite, les succès et l'empire de son
sexe, parce qu'il n'est pas d'habit qui fasse ressortir
plus favorablement les moindres qualités.

Par sa coupe, sa forme, sa couleur, par l'étoffe mise
en œuvre, l'amazone se rapproche beaucoup du genre
d'habillement porté par les hommes : ce rapproché-
ment donne lieu de faire une observation qui confirme
implicitement les mérites que nous attribuons au premier de ces costumes.

Avez-vous remarqué la physionomie d'un homme
vêtu avec des habillements de femme? N'avez-vous pas
été frappé de ce changement subit qui, grossissant tous
ses traits, leur donne un véritable caractère de lai-
deur? L'effet contraire est produit par un habillement
d'homme revêtu par une femme. Il ajoute à sa grâce
et à sa beauté, en adoucissant l'expression de sa figure :

une transformation nouvelle semble ici s'opérer, qui multiplie les charmes, en leur donnant un attrait indéfinissable et tel qu'on ne saurait trouver de terme pour l'exprimer. Il est facile alors de comprendre l'effet que peut produire le costume d'amazone, qui emprunte à nos habillements tout ce qu'ils ont de plus avantageux, sans rien perdre du caractère nécessaire au sexe qui doit porter ce costume.

Aussi, nous ne saurions trop préconiser ce genre d'habillement qui, sous une apparence de simplicité dénuée de prétention, offre aux dames tous les avantages et les ressources d'une toilette de coquetterie ; nous ne saurions trop engager les tailleurs à porter l'attention la plus grande dans la confection de cet habillement.

Un tailleur qui habille parfaitement plusieurs dames un peu répandues dans le grand monde, est assuré qu'elles lui feront sa réputation.

Nous avons regretté que la mode des robes de drap ou de casimir ne prît pas faveur. Nous en avons fait quelques-unes pour des étrangères de distinction, et nous avons été à même de reconnaître que ce vêtement est d'une grande utilité durant l'hiver.

La robe de drap peut varier à l'infini : elle peut être ou très simple ou très richement ornée, et nous ne doutons pas qu'avant peu, ce joli costume n'obtienne la faveur qu'il mérite.

L'ensemble de l'amazone et des robes en général varie avec le genre ; mais l'on ne doit pas oublier que moins la nature aura accordé de beauté à la femme, et plus il faudra l'habiller avec les formes les plus sail-

lantes de l'habit d'homme. Les larges collets, les grands
revers, les larges schalls, les brandebourgs, les tresses,
les olives, devront tour-à-tour être employés avec goût
et discernement.

La coupe devra varier suivant la conformation du
corps, en mettant en usage les moyens d'amélioration
que nous avons indiqués pour le costume d'homme ;
car chez l'un et l'autre sexe, l'on ne saurait connaître,
définir et modifier une conformation avant de l'avoir
mesurée.

Nous avons dit, en traitant de la mesure du dessus
de l'épaule, qu'on devait bien se garder de dessiner
deux largeurs du dessus de l'épaule en faisant l'épaulette trop large ; mais c'est sur-tout quand il s'agit d'a-
mazone que notre recommandation acquiert de l'importance. En effet, si l'épaulette d'un amazone est
trop large, le mouvement de l'épaule cesse d'être libre
et sur-tout à cheval, parce que la couture de l'attachement de la manche gêne le tour d'emmanchure. Cette
règle ne sera peut-être pas approuvée par les dames, qui
croient que plus les épaules de leurs robes sont tombantes, et mieux elles sont habillées ; mais cette opinion
est une erreur en ce qui concerne la coupe de l'amazone dont la confection doit leur rendre l'exercice du
cheval le plus agréable, sans rien leur ôter de la grâce
naturelle des épaules. Une épaulette taillée de toute la
largeur du dessus de l'épaule et même deux centimètres
plus larges encore, donnera toujours de la grâce et ne
gênera pas, pourvu que l'emmanchure soit assez ouverte en raison de la circonférence du tour de bras.

Pour les dames, blondes de cheveux, dont le teint
est vif et rose, il sera possible d'employer des couleurs
fortes, mais dont les nuances ne seront pas très foncées.
Pour celles qui seront pâles, les couleurs claires et ten-
dres seront employées de préférence. Les teints bruns
très colorés supporteront les couleurs qui vont bien
aux blondes; mais les brunes en général seront toujours mieux habillées avec des couleurs prononcées et
fortes. Lorsque, pour satisfaire au goût ou à la mode, il
deviendra utile d'employer une couleur un peu opposée
à celle qui conviendrait mieux au teint de la figure, il
faudra chercher à assortir la couleur du collet de
velours de celle qu'aurait dû avoir le drap, sans cependant que le rapprochement des deux couleurs forme
un disparate.

Si, par un privilége qui doit nous faire chérir notre
art, nous sommes appelés à participer à la perfection
extérieure de la femme, alors, pénétrés de la grandeur
de notre mission, nous commencerons notre ouvrage
avec un plaisir qui nous le rendra facile, sans le croire
jamais assez digne de sa destination. Nous sommes
quelquefois satisfaits de nous-mêmes, en pensant
que notre travail doit avoir pour résultat de faire
aimer le mérite sous des formes plus séduisantes. Le
principal avantage de la plus heureuse confection, consiste bien plus à aider avec discernement la nature qu'à
la réformer.

Il faut cependant éviter d'exagérer la beauté des
formes; il suffit dans le plus grand nombre de cas d'aider au développement de la grâce du corps; un léger

perfectionnement est toujours considéré comme un effet
de la nature même ; mais les changements extrêmes apportés par l'habillement , ne sont jamais assez parfaits
pour produire cette illusion pure. Il vaut mieux, nous le
répétons , une nature aidée qu'une nature changée.
Alors même qu'une femme serait très grande et privée de
l'embonpoint nécessaire à sa grande taille, il faudrait
bien se garder de lui donner des formes trop saillantes
qui contrasteraient avec les traits de son visage: c'est
en gardant une juste réserve dans l'amélioration des
proportions du corps qu'on obtient les plus heureux
résultats.

Si une femme est de la plus petite taille et qu'elle
critique elle-même son embonpoint, il faudra lui donner un jupon de dessous sans aucuns plis autour des
hanches, tandis que pour la conformation contraire,
les jupons très froncés et le plus volumineux possible
seront indispensables : un jupon parfait est souvent la
base essentielle de la tournure qui plaît le plus. La
manche peut être montée sur un liséré de drap pareil,
d'un ou de deux centimètres, afin d'éviter la moindre
épaisseur ; ce moyen ne change en rien la perfection
de la coupe et nous a complétement réussi. Pour la
solidité, l'usage seul auquel ce vêtement est destiné indique suffisamment qu'on doit y apporter le plus grand
soin, en plaçant des droits fils de toile bien arrêtés au
travers du corsage et sous les boutons et les boutonnières.

Le caleçon est une partie obligée du costume d'amazone ; la difficulté d'en faire de parfaits , consiste, principalement dans l'impossibilité de prendre la mesure autrement que par des moyens approximatifs. Un caleçon-pantalon doit être assez ample et assez long du fonds pour n'occasioner aucune gêne étant à cheval : la forme plissée autour de la ceinture est la plus convenable.

Le bas du caleçon-pantalon peut varier suivant la mode et le goût ; ceux qui conviennent le mieux sont les genres de pantalon d'homme, figures 73 et 75. Le bas du pantalon qui avance un peu sur le pied en dissimule au besoin la longueur. Les dessous de pieds sont obligés pour tous les genres de pantalon d'amazone.

Les figures 137 et 138 représentent deux amazones dont le costume a reçu l'approbation d'un grand nombre de personnes de goût.

DU GILET DE SANTÉ.

Le gilet de santé se fait en flanelle : la plus poreuse est la plus saine ; la plus neuve est la plus poreuse. La flanelle lavée trop long-temps se resserre, et alors elle ne produit plus l'effet hygiénique qu'on en attend.

La flanelle qui perd le moins sa qualité hygiénique, est celle dont le fil est le moins tordu dans sa fabrication.

Il y a plusieurs genres de gilets de santé : l'on en porte de croisés et de droits, de plusieurs formes.

L'aplomb du corsage doit être parfait, quand il en

est autrement, le gilet remonte et fait sur la chair des plis qui sont très gênants quand on s'habille.

La coupe du gilet de santé doit d'autant moins être négligée qu'elle est la base de tous les autres vêtements.

Nous avons senti la nécessité de faire une nouvelle espèce de gilet de santé plus facile à mettre et plus facile à ôter dans les transpirations. Ces gilets sont boutonnés depuis le cou jusqu'au poignet et n'exigent aucune contorsion du corps pour les quitter.

DU PANTALON A PIEDS.

L'avantage des pantalons à pieds est d'être chaussé et culotté à l'instant. La semelle du pantalon à pieds doit être faite avec du très fort tricot, afin de donner le plus d'élasticité possible en cet endroit; à défaut de tricot il faut tailler l'étoffe tout-à-fait en biais. Le meilleur genre de pantalons à pieds est boutonné devant avec un seul bouton attaché au bout d'une sous-pate.

Le pantalon à pieds doit être taillé plus long que la mesure, de deux centimètres au moins, ce surplus de longueur étant nécessaire pour donner la facilité d'être commodément assis.

DES CALEÇONS.

Il y a six formes de caleçons qu'on peut qualifier ainsi :

1o Le caleçon-culotte qui descend jusqu'à la jarretière.

2o Le caleçon court qui ne descend que jusqu'au-dessus du genou.

3o Le caleçon-pantalon qui descend jusqu'au-dessus de la cheville.

4o Le caleçon-corset qui sert à soutenir ou à comprimer le ventre.

5o Le caleçon fourré.

6o Le caleçon de natation ou de bain.

Toutes ces espèces de caleçons peuvent varier de coupe à la ceinture et dans les autres parties : ils peuvent être plus ou moins larges ; mais ils doivent toujours être taillés pour la conformation du corps tout aussi bien que les pantalons qui les couvrent. A quoi servirait qu'une culotte fût bien taillée si la forme vicieuse d'un caleçon venait détruire l'effet de la bonne coupe de cette culotte.

Le caleçon est un objet d'absolue nécessité dans plusieurs cas ; mais il est toujours un moyen de salubrité sous le double rapport de la propreté et de la chaleur qu'il procure.

En appropriant l'étoffe et la confection du caleçon aux conditions atmosphériques, il devient un vêtement hygiénique.

La coupe et la confection d'un caleçon peuvent dissimuler des imperfections.

Un caleçon ouaté est indispensable aux personnes frileuses ou à celles qui, privées de belles formes, éprouvent le besoin de remplacer par des effets de l'art ce que la nature leur a refusé.

L'avantage hygiénique du caleçon ouaté est incontestable : nous en avons fait à plusieurs personnes autrefois atteintes de douleurs rhumatismales et auxquelles les médecins avaient conseillé l'usage de ce vêtement.

Le caleçon-corset a une ceinture très large sur le ventre et étroite par derrière ; il est fermé au moyen de cinq lacets qui, s'entrecroisant, sont attachés à chaque bout postérieur de la ceinture et réunis aux extrémités à une petite pate qui vient se boutonner sur le côté à une ligne horizontale de boutons destinés aux différents degrés de compression du ventre.

Le caleçon-corset est le plus sûr moyen de dissimuler la grosseur du ventre : nous l'indiquons sans le conseiller, ne voulant pas combattre ici l'opinion des médecins qui le défendent.

Le caleçon de natation se fait très court ; il se boutonne sur chaque côté des hanches, et n'a aucune ouverture ni devant ni derrière.

Plusieurs caleçons différents sont représentés dans le tableau synoptique des conformations du corps, qui fait partie de notre méthode.

FIN DU TROISIÈME LIVRE.

APPENDICE

MÉTHODE BARDE.

La méthode que je désigne ici par le nom de son inventeur, est le produit de vingt-cinq ans de travaux, d'études et d'expériences, entrepris dans l'unique but de contribuer à porter l'art du tailleur au plus haut degré de perfection.

Elle peut être considérée comme la preuve ou la confirmation des raisonnements présentés dans le Traité encyclopédique de l'art du tailleur. Dans cet ouvrage je me suis attaché à exposer les règles qu'il fallait observer pour bien tailler un habillement : ici je donne les moyens pratiques d'arriver au même but. Là, j'ai, pour ainsi parler, développé la théorie de l'art où j'en indique l'application. Il y a donc une corrélation nécessaire, intime, entre le Traité encyclopédique et la méthode Barde, comme il y a corrélation entre le précepte et l'exemple ; c'est le corollaire du raisonnement, qu'il faut connaître pour apprécier si l'auteur a réussi lui-même dans les travaux que le désir de rendre son art plus parfait l'a porté à entreprendre.

Le Traité encyclopédique de l'art du tailleur sera

peut-être, seul et par lui-même, un ouvrage utile ou
suffisant aux hommes auxquels il est destiné. Mais si
on lui adjoint la Méthode, on possédera les ressources
les plus complètes, et qui donneront les moyens de
surmonter toutes les difficultés qui se rencontrent à
chaque pas de la profession pour laquelle elle a été
composée.

Tout ce qui a été fait jusqu'à ce moment a eu pour
but de faciliter la coupe des vêtements ; car, jusqu'à
présent, il a été de toute impossibilité d'enseigner les
principes d'un art abandonné à une pratique hasardeuse et qu'on n'a pu exercer passablement qu'à l'aide
de l'expérience et du goût. Ma méthode est destinée à
éviter entièrement les tâtonnements et les incertitudes
de cette pratique routinière. Elle constitue un véritable
système, un système nécessaire, éprouvé par l'expérience, expliqué par le raisonnement, et justifié par
les calculs qui en font la base.

Les avantages de cette méthode seront plus facilement appréciés, si je résume ici, en quelques mots,
les travaux qu'il m'a fallu suivre pour parvenir à la
créer, et pour donner les moyens d'en faire la plus
heureuse application par la seule obligation de prendre
ses mesures avec l'exactitude et la précision indispensables.

Jeune encore, et appelé par la réputation que m'a
donnée ma manière de travailler, j'ai possédé la confiance d'une clientelle nombreuse et distinguée, j'ai
pu faire et j'ai fait des remarques utiles sur toutes les

différentes conformations que j'ai trouvées dans le grand nombre de personnes que j'ai habillées. J'ai renouvelé ces mêmes observations à chaque changement survenu dans la mode, dans le goût ou le besoin de mes commettants. J'avais toujours dans la pensée le perfectionnement de mon art, et les nombreux succès que j'ai recueillis m'ont confirmé que mes efforts ne resteraient pas infructueux. Cependant, durant mes dix premières années d'exercice, je restai soumis aux mêmes moyens d'exécution que mes confrères. Je taillais sans modèles tous les vêtements, et je réussissais assez bien par cette manière hasardeuse, parce que l'art du tailleur était moins avancé, et que le goût des habits bien faits n'était pas si généralement répandu qu'il l'est devenu depuis.

Mais, lorsque je résolus de fonder, à Paris, un établissement du premier ordre, et que j'ouvris, il y a dix-sept ans, rue Vivienne n° 8, *le Musée de la Mode*, ma clientelle s'augmenta encore rapidement. Voulant faire conserver, par les coupeurs que je fus obligé de m'adjoindre, l'exactitude de ma coupe, je fis garder la copie de tous les habillements que j'avais taillés moi-même, en écrivant sur cette copie le nom, la mesure de la personne et les explications nécessaires sur sa conformation et son goût. Par ce moyen, j'eus bientôt une grande quantité de bons modèles dont je faisais l'application aux nouvelles pratiques, en y apportant les changements réclamés par la différence de mode ou de conformation.

De tous les procédés dont j'ai cherché à éprouver les

avantages, un seul m'a paru trancher nettement les difficultés et ne présenter que des résultats positifs.

C'est celui que j'offre à mes confrères, et qui forme une collection de tous les patrons-modèles utiles pour habiller suivant les modes, le goût ou le système suivi en France et en Angleterre. Dans cette collection, j'ai compris graduellement les variations les plus grandes, depuis l'enfance jusqu'à la vieillesse, du plus mince au plus gros, du plus petit au plus grand, du plus droit au plus courbé, en ayant égard, pour toutes les tailles, à l'importante mesure de la variation de la hauteur des épaules et à celle des autres conformations particulières du corps. Depuis le moment où j'ai commencé à recueillir les éléments de ce travail, qui m'a nécessité des calculs infinis, le grand nombre de conformations différentes que j'ai habillées m'a servi à compléter une branche essentielle de la méthode que j'annonce aujourd'hui, et qui se compose de la réunion des parties que je vais énumérer.

Ces parties sont ou principales ou accessoires, mais toutes dépendantes les unes des autres, et destinées à donner aux tailleurs les moyens de prendre les mesures les plus exactes et de tailler les habillements avec la précision la plus parfaite.

Ces résultats seront obtenus à l'aide :

I. De quatre instruments servant à mesurer les différentes parties de la conformation du corps.

Ces instruments sont : l'Épaulimètre, servant à prendre la mesure et la pente des épaules; le Dossimètre, servant à prendre la mesure du dos ; le triple Décimètre, règle métrique divisée en soixante demi-centimètres, à l'aide de laquelle sont prises les mesures ci-dessus indiquées ; et le Corpimètre, pour prendre la mesure des parties inférieures du corps.

II. D'une collection de patrons-modèles classés par divisions, par ordre de grosseurs, de tailles et de conformations ; et d'un répertoire de ces patrons-modèles, donnant le moyen de trouver de suite ceux dont la coupe est en rapport avec les mesures prises.

III. Du *Traité encyclopédique de l'art du tailleur.*

IV. D'un *Tableau synoptique* composé de treize dessins représentant les contrastes des conformations du corps, l'application des instruments, et contenant des notes détaillées sur la manière de prendre mesure, mises en rapport avec les modèles de la collection.

V. De 200 bulletins, pouvant former un livre de mesures, destinés à prévenir l'oubli de toutes celles qu'il faut prendre.

Tel est l'ensemble de la méthode, qui comprend et les principes et les moyens d'exécution de l'art du tailleur.

Les principes expliqués et développés dans le *Traité encyclopédique*, trouvent un auxiliaire de démonstration dans l'emploi des instruments dénommés Épaulimètre, Dossimètre, triple Décimètre et Corpimètre, ainsi que dans les notes détaillées, inscrites sur le *Tableau synoptique.*

Les moyens d'exécution, considérés en ce sens qu'ils doivent faciliter la coupe des habillements et la rendre parfaite, résident dans la collection des patrons-modèles.

16

L'Épaulimètre, le Dossimètre, le triple Décimètre et le Corpimètre, ont été inventés dans le but de résoudre la première difficulté que le tailleur ait à vaincre, celle de prendre des mesures exactes. Si l'art du tailleur n'avait consisté qu'à habiller parfaitement une seule taille ou une seule conformation de personnes, depuis long-temps il serait devenu la chose la plus facile.

Mais le talent du tailleur consiste, au contraire, à saisir et à observer toutes les variations et toutes les différences de la nature.

Il fallait connaître quelles parties de la conformation du corps pouvaient faire varier la coupe d'un habillement. J'ai trouvé qu'avec les mesures indiquées au IIe Livre et dans le tableau synoptique, on ne devait plus craindre de se tromper.

Je me bornerai à dire ici, que la hauteur des épaules étant bien prise, elle a pour résultat de faire placer l'emmanchure à l'articulation même de l'épaule ; mais que la coupe de l'emmanchure par rapport à la hauteur des épaules, varie selon chaque degré de conformation du dos.

Par l'exactitude de ce résultat, l'on évite la gêne et les plis, et l'on obtient la grâce la plus parfaite. Cette mesure est donnée par :

L'*Épaulimètre* depuis o jusqu'à 9 degrés, et chaque degré de hauteur d'épaule a une coupe particulière de corsage pour chaque grosseur du haut du buste.

Le *Dossimètre* et le *triple Décimètre* servent ensemble à reconnaître les mesures du dos à l'aide desquelles

il devient possible de tailler le corsage le plus exact,
quelles que soient les proportions de la personne qu'il
s'agit d'habiller.

On sait que le corsage est la partie la plus importante
du vêtement, et celle qui jusqu'à ce jour a présenté les
difficultés les plus grandes.

Après avoir pris les mesures que j'indique, il res-
tait encore à surmonter l'extrême difficulté de tailler
avec certitude. J'ai la conscience de l'avoir résolue par
l'usage des patrons-modèles. Ces patrons-modèles
s'appliquent à toutes les grosseurs particulières du
haut du buste, mesurées de centimètre en centimètre,
depuis le plus petit enfant jusqu'à l'homme le plus
gros.

Pour les corsages, ils sont combinés de manière à
donner toutes les grosseurs possibles, du haut comme
du bas du buste, ainsi que tous les degrés de hauteur
d'épaule.

Pour les redingotes, que l'on peut considérer comme
un vêtement national, après les divers modèles nécessaires à toutes les formes de corsages, il en est qui servent à toutes les ampleurs de jupes. Tous ces patrons-
modèles sont classés dans un ordre méthodique, par
rang de mesures et de conformations. En recourant
au répertoire, l'on trouve à l'instant les modèles nécessaires à toutes les mesures.

Quant à la mode, quelle que soit la forme de l'habillement qu'il s'agisse de confectionner, il faut,
avant toute autre chose, que cet habillement soit dans
un rapport exact avec la conformation de l'homme ; ce

16*

principe est incontestable : la mode ne saurait en détruire la vérité.

Le corsage devient dès lors la base essentielle de l'habit ou de la redingote. Sur un corsage mal taillé, il n'est pas de belle mode possible, tandis que sur un corsage placé d'aplomb sur le corps et taillé d'après la hauteur exacte des épaules, toutes les modes paraîtront jolies. En un mot, un corsage parfait est le foyer d'où s'échappe la grâce nécessaire à toutes les autres parties du vêtement.

La même remarque trouve encore son application s'il s'agit de couper un pantalon : ici, il y a également des règles fixes à observer quant à la mesure de la ceinture, et à la circonférence du torse relativement aux trois diamètres du corps.

La coupe de l'enfourchure et celle des hanches est au pantalon ce que la coupe de l'emmanchure et celle de l'encolure sont à l'habit.

L'utilité des bulletins imprimés consiste dans l'économie du temps qu'il faudrait employer à écrire toutes les mesures nécessaires, et dans l'avantage de n'en oublier aucune. Par la disposition de ces bulletins, qui contiennent l'indication de chacune des mesures à prendre, on est conduit à inscrire seulement le chiffre de ces mesures à la place qui les concerne. Il ne faut pas perdre de vue que l'oubli d'une seule mesure suffit quelquefois pour faire manquer la coupe d'un vêtement.

Après cet exposé rapide de ma méthode, je crois devoir insister sur les avantages qu'elle est destinée à produire, ainsi que je l'ai fait pressentir et pour les tailleurs et pour les hommes du monde qui tiennent avec raison à une mise convenable.

Le tailleur y trouvera économie de temps, d'argent et de travaux.

En étudiant les causes qui placent une très grande partie des tailleurs dans une position généralement au-dessous de l'aisance dont jouissent, dans le fait, des professions réputées moins lucratives, j'en ai trouvé la principale dans les frais continuels occasionés par les corrections à faire aux habillements.

Cette dépense qui n'entre jamais en ligne de compte dans le prix d'un habit, absorbe cependant, chez la grande majorité des tailleurs, la partie la plus importante des bénéfices.

Les pertes de cette nature, qui s'élèvent tous les ans à des sommes considérables, se réduiront, par l'usage de ma méthode, aux erreurs qui proviendront de mesures mal prises ou de fautes commises par l'ouvrier.

Je me suis efforcé de résoudre, par les procédés que j'ai décrits plus haut, toutes les difficultés d'art ou d'intérêt que ma profession m'a paru présenter jusqu'à ce jour. Avant de publier cette méthode, je l'ai soumise à des expériences nombreuses, qui, produisant toujours des résultats favorables, n'ont jamais démenti les calculs sur lesquels je les avais basés.

Planche 50.

Fig. 139, 140.

DES CONTRASTES DES HAUTEURS D'ÉPAULE.

Malgré l'extrême élévation des épaules de la figure 139, le dos de cette figure n'est pas plus convexe que celui de la figure 140 : le contraste consiste seulement dans l'extrême différence qui règne entre la hauteur respective de leurs épaules. L'épaulimètre placé sur l'épaule gauche de la figure 139 et sur l'épaule droite de celle 140, rappellera sans cesse qu'il est parfois utile de mesurer les deux épaules, afin de connaître la différence de leur inclinaison.

Le dessin des corsages n° 2 de la planche 55, fait connaître la différence qu'il est essentiel d'observer dans la coupe de ces conformations extrêmes, en remarquant pourtant que ces coupes pourraient varier encore de deux degrés de plus, puisque l'épaulimètre marque un seul degré sur la figure 139 et neuf degrés sur la figure 140 ; et que le corsage n° 2 est taillé pour l'épaule au 2e degré, et celui n° 8 pour le 8e. Mais nous avons voulu, par cette différence d'un degré en plus et en moins entre la conformation et la coupe, rappeler la nécessité d'améliorer un peu les conformations extrêmes, en les rapprochant des formes normales par les moyens que nous avons indiqués au deuxième livre du Traité encyclopédique.

La disposition de la figure 159 nous permettant de dire un mot sur ses détails, nous ferons observer ici qu'elle offre à sa ceinture l'élastique dont nous avons parlé et dont l'utilité ne saurait être révoquée en doute dans certains cas.

Cette figure indique encore la meilleure méthode de porter les bretelles, attendu que les bretelles qui se croisent par derrière contrarient la coupe du pantalon en le tirant de gauche à droite, et de droite à gauche, ce qui occasione une pression incessante sur le devant de la ceinture, sur-tout quand on est assis.

Planche 51.

CONTRASTES DE LA FORME DU DOS.

Figure 141 représentant l'homme au dos le plus courbé du haut, sans difformité.

Figure 142 représentant l'homme le plus droit dont le dos est creux en apparence.

L'une et l'autre de ces figures représentent une application longitudinale du dossimètre. La figure 141 donne la courbure du haut du dos et la courbure du dos à la taille.

La figure 142 donne également une courbure du

hautdu dos, mais ce n'est que pour faire voir l'extrême différence dans le résultat de ces deux mesures, en raison de la différence de la conformation qui les produit.

La coupe propre à habiller l'une et l'autre de ces conformations extrêmes, est figurée au 6e de grandeur naturelle, pour la grosseur 46 du haut du buste, dans les dessins contenus planche 56 de cet appendice.

Le corsage.		Appartiennent à l'homme le plus droit qui a 7 dé-grés de courbure du haut du dos, et 7 degrés de courbure à la taille, et 5 de hauteur d'épaule.
Le dos.		
Le dessus de manche.	No 7.	
Le dessous de manche.		
La manche à une couture.		
Le corsage.		Appartiennent à l'homme le plus courbé qui a 15 dégrés de courbure du haut du dos, 7 degrés de courbure à la taille, 5 degrés de hauteur d'épaule.
Le dos.		
Le dessus de manche.	N° 5.	
Le dessous de manche.		
La manche à une couture.		

Les dessins intermédiaires à ces deux extrêmes, appartiennent aux proportions les plus ordinaires des hommes.

Planche 52.

Fig. 143, 144.

CONTRASTES DE LA GROSSEUR DU BAS DU BUSTE.

La figure 143 représente un buste de forme conique, dont la cambrure de la taille est d'autant plus profonde que la protubérance du ventre est plus avancée. Cette figure représente une des conformations les plus difficiles à habiller sans le secours des mesures spéciales dont il est parlé dans le Traité Encyclopédique [1], parce que l'homme dont il s'agit ici, est très mince par derrière, et qu'il n'est pas possible de croire, en taillant par les moyens généralement en usage, qu'il faille disposer l'étoffe en aussi grande partie sur le devant pour envelopper le ventre.

La collection des patrons-modèles contient celui qui est propre à habiller cette conformation, division 14, modèle n° 7.

La figure 144 représente un homme vêtu d'un frac d'uniforme boutonné, dont le buste a la forme d'un cône renversé. Cette figure est la plus facile à habiller,

[1] Voir liv. 2, Chap. 2, sect. 3, pag. 65.

mais encore faut-il bien prendre ses mesures si l'on veut que la coupe soit en parfait rapport avec sa conformation : car il suffit que cette coupe s'éloigne de plusieurs degrés à la cambrure de la taille quand le frac est déboutonné, pour qu'il remonte vers le cou lorsqu'on le boutonne, et qu'il produise un très mauvais effet.

La poitrine de ce frac d'uniforme est moyennement garnie ainsi que cela doit être pour les hommes très minces du bas de la taille.

Les modèles n° 5 de la division n° 14, sont propres à habiller cette conformation.

Planche 53.

Quatre figures sous les nᵒˢ 145, 146, 147, 148, représentent les contrastes de la conformation des hanches et de la protubérance du ventre dans la grosseur et la taille moyenne des hommes.

La figure 145 représente le profil du bas du buste d'un homme dont le corps a le plus petit diamètre du ventre aux reins, et dont les hanches très développées donnent un très grand diamètre de l'une à l'autre de leurs extrêmes protubérances.

La figure 146 appartient à la même conformation que la figure 145. Ainsi disposée, elle fait voir le plus grand diamètre pris d'une hanche à l'autre.

Les figures 146 et 147 représentent les conformations opposées aux deux précédentes. Ainsi, par

exemple, la figure 147 offre à la vue le diamètre le plus
petit d'une hanche à l'autre, et la figure 146, le
diamètre le plus grand du ventre aux reins. C'est ainsi
que dans la même circonférence du torse, il y a des
différences extrêmes dans la conformation, qui n'ont
jamais pu être définies faute de moyens.

Le rapprochement des coupes contenues dans la
collection des patrons-modèles pour culotter ces différentes conformations, donnera bien mieux que les
plus longs raisonnements, une juste idée de la nécessité de les mesurer ; mais pour que l'on puisse plus facilement se convaincre de cette nécessité absolue, nous
donnons, planche 57, les dessins qui indiquent les
différences à faire dans la coupe, pour la grosseur 41 de
la ceinture, pour trois conformations différentes ; savoir : celles du plus grand au plus petit développement des hanches, et celle qui tient le milieu entre ces
deux extrêmes, qui appartient au plus grand nombre
des hommes.

Planche 54.

FIGURE D'APOLLON.

Deux raisons faciles à apprécier nous ont déterminé
à donner ici la figure d'Apollon. La première, c'est parce
que cette figure, ainsi posée, facilite le moyen d'indiquer
la manière de bien prendre toutes les mesures qui s'obtiennent avec le ruban métrique. La deuxième, pour rap-

peler ce que nous disons dans les instructions contenues
dans notre tableau synoptique des conformations que
nous n'avons pas donné le moyen de connaître les
proportions extérieures de l'homme, pour les suivre
toujours, mais bien au contraire pour savoir à quel
degré elles doivent et peuvent être rapprochées des proportions normales offertes par l'Apollon. » Sur cette
figure, nous avons indiqué la longueur à donner à la
manche prise de l'aisselle au poignet, en suivant la
ligne de l'avant-bras, afin d'indiquer que cette mesure
peut être prise de deux manières, attendu que la
coupe de nos patrons-modèles donne tous les degrés
de longueur du talon de la manche pour tous les degrés de courbure du haut du dos, et qu'il suffit que la
manche appliquée à chaque courbure soit taillée assez
longue de l'aisselle au poignet, pour que la longueur
sur la ligne du coude soit en harmonie avec celle de
l'avant-bras.

Planche 55.

Ainsi que nous l'avons dit, les patrons-modèles représentés par les planches 55, 56, 57, ont été réduits au 6e de leur grandeur naturelle.

Les corsages désignés par le no 1, qui ont à leur
base les chiffres 0, 7, 14 et 15, sont destinés à faire
connaître :

1o La variation de la coupe du haut du corsage

pour la même grosseur du buste , en raison des différentes mesures du tour d'emmanchure.

2° Les coupes propres à habiller les divers degrés
de cambrure de la taille dans plusieurs grosseurs du
bas du buste.

La figure du dos, n° 1, indique comment il faut varier la coupe du dos pour les différentes largeurs et
cambrures du bas du buste : le dos n° 15 est propre
à l'homme le plus cambré ; le dos marqué zéro est
propre à l'homme qui a les reins les plus pleins.

Le patron-modèle du corsage désigné par la lettre
E produit, étant de grandeur naturelle, 56, 64
dans sa mesure du tour d'emmanchure ; le patron-modèle désigné par la lettre G, ramené également à la
grandeur naturelle, donne 59, 68. Quoique cette différence soit déjà grande entre deux modèles destinés à
habiller la même grosseur du haut du corps, il y en a
de plus considérables encore. (1)

Les trois corsages et les dos désignés dans cette
planche, sous le n° 2, indiquent la différence des
coupes voulues par les hauteurs d'épaules, aux 2°,
5° et 8° degrés, et par leur rapprochement ces
coupes fournissent le moyen de varier celle de tous

1 Nous devons faire remarquer que , malgré l'apparence de ressem-
blance qui existe entre la largeur de la coupe de l'épaulette des 3 corsages , 4° figure, n° 1, à cause de la réduction en petit des corsages
primitifs contenus dans la collection n°s 1 et 2 de la 14° division, il y a
une différence de plus d'un centimètre entre la largeur de l'épaulette
du corsage G., et celle du corsage E.

les corsages de la collection pour tous les degrés de hauteur d'épaule. Les mêmes corsages indiquent également comment il faut opérer pour rétrécir ou élargir un corsage sur une ligne parfaitement horizontale.

La figure du dos n° 2 donne seulement la variation des coupes du dos pour les degrés 2 , 5 et 8 de la hauteur des épaules.

Une combinaison dont nous ne donnons pas le dessin, résulte de la coupe des trois patrons-modèles de la figure n° 2 , qui se trouvent taillés pour toutes les grosseurs dans la collection. En plaçant ces trois corsages les uns sur les autres, de façon que la coupe du bas de l'emmanchure soit identique, celle du bas du corsage se trouvera graduellement plus courte, à cause de la différence de longueur du petit côté de ces patrons-modèles, destinés à habiller les hauteurs d'épaules 2, 5 et 8. Cette combinaison a pour résultat d'indiquer le moyen de tailler parfaitement le bas des corsages pour le même degré de courbure dans les différentes longueurs prises de l'aisselle à la hanche.

La coupe du bas du corsage varie par deux causes bien distinctes et essentielles à observer :

1° Par les différentes grosseurs possibles, suivant la grosseur du haut du buste, du plus mince au plus gros, et dans de telles proportions qu'on trouve des hommes qui ont 5o du haut et 56 du bas, et d'autres hommes qui, avec la même grosseur du haut, n'ont que 4o du bas ;

2° Par les différences qui existent dans la cambrure de la taille, pour toutes les grosseurs du bas du buste.

La variation de la coupe des corsages, pour les diffé-rents degrés de cambrure de la taille, change la coupe du dos, car plus la taille devient cambrée, et plus le dos se courbe et doit être long; pour la conformation contraire, plus la taille est pleine, et moins le dos doit avoir de longueur.

La différence des dos représentés par les dessins de la figure 55, pour trois mesures bien distinctes de cambrure de la taille, appartenant aux corsages marqués 0, 7 et 14 de la même planche, donneront une juste idée de la variation nécessaire de la coupe et de la certitude d'opérer cette variation, sans la crainte de se tromper.

Dans toutes les grosseurs du bas du buste, il y a des hommes très cambrés ou très droits des reins; ainsi, il peut arriver que deux hommes, dont l'un sera assez mince pour n'avoir que 35 centimètres à la ceinture, et l'autre assez gros pour avoir de 65 à 70 à la même place, aient tous les deux les mêmes degrés de courbure du haut et de cambrure du bas du dos.

Pour satisfaire aux deux nécessités de savoir varier la coupe du bas des corsages pour les changements de grosseurs, et pour chaque conformation qu'on retrouve dans toutes les circonférences, il est essentiel de bien se pénétrer de la distinction qu'il faut établir entre elles. La première de ces nécessités exige la fixation de la largeur du corsage pour chaque changement de gros-seur; la deuxième en dirige la coupe, suivant le degré

de cambrure de la taille. Ainsi un homme peut avoir
48 du bas pour 46 du haut , et avoir pourtant un haut
degré de cambrure , et dans ce cas, toute l'ampleur à
donner au corsage devra être portée sur le devant du
buste , et le derrière de ce buste devra être taillé comme
si la personne était très mince à la ceinture.

La grosseur 46 du haut étant une des plus nombreuses , nous opérons plus volontiers sur cette série , afin
que si l'on voulait grandir nos petits dessins de coupe
jusqu'à leur dimension naturelle , on pût juger de
leur harmonie avec les mesures et la conformation que
nous leur assignons. Il convient d'observer toutefois
que dans ces graduations si éloignées, il est très rare
que l'on puisse arriver à reproduire avec assez d'exactitude le patron-modèle de grandeur naturelle.

Première règle à suivre , pour rétrécir ou rélargir le
bas des corsages avec certitude, en observant les cambrures :

Pour opérer régulièrement les changements à faire
au bas des corsages, il faudra préalablement tirer une ligne horizontale sur laquelle viendront s'asseoir les deux
angles de leurs extrémités inférieures , et cette ligne
(qu'on pourrait nommer ligne d'opération) recevra le
dessin de l'extrémité du bas des corsages , produit par
les différentes grosseurs et conformations, ainsi qu'on
le voit planche 55, à la base des figures 1 et 2; soit que
lesdites extrémités doivent être ramenées vers le point
du centre pour rétrécir le corsage, soit qu'elles doivent
être plus éloignées de ce point , par la nécessité d'é-
largir ce corsage.

Pour nous faire mieux comprendre nous allons donner plusieurs mesures du bas du corsage, en variant cette partie de la coupe.

Un corsage se trouve taillé dans la collection, il est parfait pour un homme qui a 46 du haut et 41 du bas; cet homme a 6 dégrés de cambrure à la taille, s'il se présente un homme qui a une mesure absolument semblable, quant aux grosseurs et à la conformation du haut du buste, mais qui se trouve avoir 9 dégrés de cambrure, au lieu de 6, alors pour faire une heureuse application du corsage, qui a 6 dégrés à la personne qui en a 9, il faut cambrer de trois dégrés (ou un centimètre et demi), et dessiner le bas de la pointe sur la ligne horizontale d'opération. Il faut ensuite rélargir le devant du corsage de bas en haut du centimètre et demi qu'on a retranché dans la cambrure ; mais s'il se présentait un homme qui n'eût que 37 centimètres de grosseur du bas avec le même dégré de cambrure 6, alors nous retrancherions 2 centimètres par derrière et 2 centimètres par devant ; par la raison que la conformation étant la même, la coupe ne doit varier que par rapport à la différence de grosseur.

Prenons un autre exemple.

Il se présente un homme qui n'a que 34 du bas du buste et 14 de cambrure à la taille, notre modèle a

17

4t du bas et il est taillé pour 7 de cambrure, ainsi que l'indiquent les chiffres 7 , placés entre o et 14. Pour lui donner sur-le-champ et sans hésiter la coupe et la largeur nécessaires à notre nouveau sujet , nous commençons par rétrécir le corsage de 7 centimètres, moitié par devant et moitié par derrière , en amoindrissant à zéro notre opération , à la hauteur du dessous de l'aisselle , ainsi qu'on le voit par les angles marqués 14 et zéro. Après avoir satisfait ainsi à la différence de grosseur , nous nous occupons de celle de la conformation , et nous y parvenons à l'instant , en cambrant la taille de 7 dégrés (ou trois centimètres et demi) , ainsi que l'indique la ligne 15 de la cambrure. Nous reportons sur le devant du corsage , de bas en haut , toute l'ampleur supprimée par derrière du devant du corsage n° 1 , ainsi que l'indique la ligne n° 7; de telle sorte que le corsage propre à l'homme qui n'aura que 34 du bas , ne différera pas, dans son aplomb pour la coupe de la ligne du devant , d'avec celui qui a 41 ; il différera de 7 centimètres sur la ligne de la couture du côté, parce que toute l'étoffe aura été retranchée par derrière , à cause de l'extrême cambrure de la taille.

L'on comprendra aisément qu'il est également facile de varier la coupe en sens inverse et d'obtenir des corsages larges, en employant les moyens contraires à ceux que nous venons d'indiquer.

Ainsi, par exemple, si le modèle 41 du bas, qui vient de nous servir pour tailler le corsage de l'homme qui n'a que 34 du bas , devait servir pour habiller un

homme qui aurait 47, et dont la cambrure à la taille
serait la même que celle du modèle 41, il suffirait de
rélargir le bas du corsage de ce dernier modèle de
6 centimètres, moitié par devant et moitié par derrière. Mais si ce corsage avait comme celui de la grosseur 34, 14 dégrés de cambrure à la taille, il faudrait
alors ne rien changer à la cambrure du corsage 41 du
bas, et porter sur le devant de celui qu'on taillerait pour
47 de grosseur du bas, les 6 centimètres destinés au
surplus de circonférence. Dans ce cas, ce dégré de
cambrure avertit que toute la grosseur du ventre est
en saillie sur le devant, ainsi que le démontre la figure 143.

Planche 56.

Les patrons-modèles, dessinés sur la planche 56,
servent à faire connaître la manière de varier la coupe
pour l'importante mesure de la courbure du haut du dos.

Pour qu'on ne puisse pas se tromper dans l'assem-
blage des patrons-modèles, nous avons donné le
même chiffre au corsage, au dos et aux deux genres de manches qui doivent accompagner chaque
corsage.

Ainsi, par exemple, le corsage nº 7, les dos nº 7,
et les manches à une et à deux coutures qui ont le
même chiffre, appartiennent à l'homme très droit dont
la grosseur 45, 46, et 47 du haut du buste est ordinairement désignée par le chiffre 7 du dossimètre.

17*

Le corsage 15, le dos 15 et les manches 15 sont destinés à habiller l'homme au dos très courbé. Cette conformation est indiquée par le chiffre 15 du dossimètre, dans les grosseurs précitées ; les modèles indiqués par le chiffre 11 appartiennent dans cette grosseur aux proportions régulières.

L'examen des corsages et des dos n° 3 indiquent : 1° que plus l'homme est droit, plus la coupe de la poitrine et celle de l'épaulette doivent être larges ; 2° que par la raison contraire, plus l'homme se courbe et plus l'épaulette et la poitrine deviennent étroites. La même observation conduit nécessairement à reconnaître la nécessité de varier les longueurs du dos suivant le degré de courbure ; l'homme droit a besoin d'un dos creux et court, l'homme courbé doit avoir un dos long et droit.

La coupe de l'emmanchure étant sous l'influence de l'aplomb du corsage, varie pour tous les degrés de courbure du haut du buste ; ainsi, si elle devient plus grande et plus ouverte pour les hommes les plus courbés, elle doit, par opposition, être d'autant plus petite que les hommes seraient plus droits. En effet, les dos étant toujours de même largeur par les motifs que nous avons expliqués au deuxième livre du Traité Encyclopédique, et la poitrine étant beaucoup plus large, l'emmanchure se trouve nécessairement diminuée de toute la différence qu'il y a entre la poitrine la plus étroite qui appartient à l'homme le plus droit, et la poitrine la plus étroite, qui appartient à l'homme le plus courbé.

Nous avons dit que malgré l'extrême largeur du dos

le plus courbé, l'on ne devrait pas faire la coupe de la carrure plus large que celle destinée à l'homme le plus droit, dans la crainte de trop dessiner l'imperfection. Nous ajoutons ici l'exemple au précepte en donnant des coupes de dos de largeurs égales et en faisant observer la différence de la coupe du haut des manches pour chaque degré de courbure. Plus le dos est droit et plus le talon de la manche doit être court, comme celui de la figure 7 ; et plus l'homme a le dos courbé, et plus le talon de la manche devra être long comme celui de la figure 15.

La collection des pantalons-modèles contient des coupes particulières de corsages, de dos et de manches pour toutes les différentes conformations, pour toutes les tailles, et pour toutes les grosseurs du corps. Voir le sommaire du contenu des divisions qui composent la collection , page 265 de cet appendice..

Planche 57.

Donnant trois corsages d'amazone, pour habiller les hauteurs d'épaules 2, 5 et 8; composés du devant, du petit côté et du dos sous le n° 4 ;

Et trois coupes du haut des pantalons propres à culotter trois conformations différentes des hanches et du ventre, dans la grosseur 41 à la ceinture.

La coupe des trois corsages d'amazone, appartient à la grosseur 41 du haut du buste et 27 du bas, ils ont été réduits au 6e de leur grandeur naturelle.

Le modèle 2, appartient à la hauteur d'épaule 2
Le modèle 5, à la hauteur d'épaule. 5
Le modèle 8, à la hauteur d'épaule. 8
Chacun de ces modèles varie dans la mesure du tour
d'emmanchure. Le 1er donne . . 52   60
          Le 2e. 53   62
          Le 3e. 54   64

La différence de la coupe de ces trois corsages, qui
pourraient varier encore de deux dégrés de plus, ainsi
que nous l'avons fait observer pour le corsage d'homme,
rappelera sans cesse la nécessité de mesurer les épaules
de l'un et l'autre sexe, afin de connaître le dégré d'inclinaison qui doit diriger la coupe.

Le petit côté se trouve détaché du corsage, parce
qu'il est très rare qu'il ne soit pas utile d'en agir ainsi,
soit pour suivre la grâce du corps, soit pour aider à
son développement.

Pour la coupe de la partie du corsage qui doit couvrir la gorge, nous avons reconnu que le meilleur
moyen était celui que nous indiquons par la figure 4.
Autrefois nous faisions, comme la plupart des tailleurs,
trois découpures au lieu d'une au bas du devant, mais
par ce moyen l'on n'obtient pas le résultat que l'on
recherche, par la raison que loin d'augmenter la
grâce de cette partie du buste, on la diminue en obte-
nant une forme trop aplatie.

La coupe de la basquette, celle de la manche et
celle de la jupe, qui font le complément du costume
d'amazone, n'ayant point trait à la conformation,
nous n'en avons pas donné les dessins ici, d'autant

plus que ces coupes font partie de la deuxième division
qui contient les patrons-modèles d'amazone pour toutes
les tailles et grosseurs.

Planche 57.

FIG. 5.

Les différences rendues indispensables dans la coupe
des pantalons, par le produit des mesures de la conformation des hanches et du ventre sont incontestables,
comme toutes celles que nous avons signalées pour la
variété des conformations des autres parties du corps.

Les modèles 3 de la figure 5 appartiennent à
l'homme dont le ventre est très aplati, les hanches
fortement développées sur le côté, et dont les trois diamètres du corps, pris, ainsi que nous l'indiquons,
produisent : 1° au dessus des hanches   26
            2° sur le gros des hanches   34
            3° du ventre aux reins   20

Le modèle 1er de la même figure donne une coupe
tout opposée à celle du modèle 3. Cette coupe est propre
à l'homme dont les hanches n'offrent qu'une très légère
protubérance, et dont le ventre est saillant, bien que
la circonférence du bas du buste ne soit que de 40 centimètres pour la demi-grosseur; la mesure produite
par les trois diamètres sur le sujet dont nous nous
occupons en ce moment sont :

1º Au-dessus des hanches ; 28
2º Sur le gros des hanches ; 29
3º Du ventre aux reins 26

Il suit de la différence entre ces deux conformations extrêmes de hanches et du ventre, que les chiffres produits par les modèles 2, qui sont applicables aux proportions les plus régulières, donnent pour les diamètres :

1º Au-dessus de la hanche. 27
2º Sur le gros de la hanche 31
3º Du ventre aux reins. 24

Nous avons placé dans la collection de nos patrons-modèles, divisions 3me et 4me, un nombre de coupes suffisant pour faire, au moyen des variations que nous venons d'indiquer, tous les genres de pantalon et de culotte que pourront exiger la différence de taille, celle des grosseurs et des conformations.

Il nous reste maintenant à donner le sommaire du contenu des divisions qui composent notre collection de patrons-modèles.

Sommaire des Divisions.

1re DIVISION.—Habillement d'enfants, vestes, gilets et pantalons pour tous les âges.

2e DIVISION.—Amazones pour toutes les grosseurs et pour différentes hauteurs d'épaule.

3e DIVISION.—Pantalons pour diverses conformations et pour toutes les grosseurs du ventre.

4ᵉ DIVISION.—Pantalons collants, pantalons à guêtres, pantalons-culottes ; pantalons à pieds , culottes à
boucle et culottes à cordons.

5ᵉ DIVISION.—14 corsages de gilets, sept pour les grosseurs 39, 40, 41 , et sept pour les grosseurs 42, 43 ,
et 44, propres à habiller tous le degrés de hauteurs
d'épaules, et toutes les courbures du haut et cambrures
du bas du dos, ainsi que toutes les séries contenues dans
les divisions qui suivent.

6ᵉ DIVISION.—18 corsages de gilets, pour les grosseurs
45, 46, et 47 du haut du buste, et 11 pour les grosseurs 48, 49 et 50, sur les mesures de la grosseur 43,
44, 45, 49, 50 et 51 du bas du buste, ainsi que je
l'explique dans le répertoire des modèles.

7ᵉ DIVISION.— 14 corsages de gilets, dont moitié pour
les grosseurs 51, 52, 53 et moitié pour les grosseurs
54, 55, 56 du haut du buste.

8ᵉDIVISION.—14 corsages de gilets pour les grosseurs
57, 58, 59, 60, 61, 62 du haut du buste, et dans les
grosseurs qui se trouvent le plus ordinairement au bas
du buste avec les grosseurs du haut.

9ᵉ DIVISION.—14 corsages pour habit et redingotes
avec leurs dos et leurs manches de deux genres , pour
les grosseurs 39, 40, 41, 42, 43, 44, du haut du
buste, sur la grosseur 33, 34, 35, 36, 37 et 38,
du bas du buste; ces patrons-modèles sont variés
pour servir à tous les degrés de courbure du haut
et du bas du dos, et pour les hauteurs d'épaule,
ainsi que ceux qui composent les 10ᵉ, 11ᵉ et 12ᵉ
divisions.

10ᵉ DIVISION.— 18 corsages et manches des deux genres pour habits et redingotes, pour les grosseurs 45, 46, 47, 48, 49 et 50, du haut du buste, et pour les grosseurs 39, 40, 41, 43, 44, 45, 49, 50 et 51 du bas du buste.

11ᵉ DIVISION. — 14 Corsages, dos et manches des deux genres, destinés à habiller les grosseurs 51, 52, 53, 54, 55 et 56 du haut du buste, et les grosseurs 53, 54, 55, 56, 57, 58 et 59 du bas du buste.

12ᵉ DIVISION. — 14 Corsages, dos et manches de deux genres, propres à habiller les grosseurs 57, 58, 59, 60, 61 et 62 du haut, sur les grosseurs 63, 64, 65, 66, 67 et 68 au bas du buste.

13ᵉ DIVISION.— Basques d'habits et basques de redingote avec leurs numéros de rapport avec les différentes grosseurs du bas des corsages de la collection.

14ᵉ DIVISION. — Deux modèles pour les degrés extrême des cambrures de la taille et pour deux différents tours d'emmanchure pour la même grosseur du buste.

Un frac d'uniforme pour l'homme représenté figure 144, planche 52.

Un habit à la française représenté figure 3 du Traité.

Deux vestes de chasse figure 128 et 131.

Quatre robes-de-chambres figure 111, 133, 134, 135, et 136, sur les grosseurs 49 du haut et 46 du bas.

15ᵉ DIVISION.— Plusieurs modèles de carricks et plaids, applicables à toutes les grosseurs du corps, et plusieurs coupes de pélerines propres à faire le manteau rond.

16e DIVISION.—Douze modèles complets, avec leurs
dos, manches et basques , pour habits , redingotes et
par-dessus ; chaque modèle ayant une coupe particulière et variée. Le par-dessus est représenté figure 108.

CONCLUSION.

En terminant ainsi la tâche que nous nous sommes imposés, nous avons la certitude d'avoir fait un travail utile, puissent tous ceux qui prendront la peine de nous lire et d'étudier l'ensemble de notre méthode, en tirer autant d'avantages qu'elle nous a coûté d'études, de fatigues et de travaux, et nous aurons atteint notre but.

Deux pensées principales nous ont soutenu dans la longue et pénible exécution de cette méthode : la première, de donner à nos confrères un meilleur système de mesures fondé sur la nature même de l'homme, qui leur permît de raisonner sur les conformations du corps, en leur donnant le moyen de les modifier au besoin. La deuxième pensée, nous devons le dire, a été de faire ressortir l'importance sociale de l'art d'habiller.

Dans un voyage que nous fîmes en Italie pour y visiter nos commettants, nous eûmes l'occasion d'entendre répéter un fait historique qui nous semble propre à résumer en peu de mots le but de l'entreprise que nous venons de terminer.

Le divin Michel-Ange s'arrêtant sur la place du Grand-Duc, à Florence, frappé subitement des imperfections de la statue de Neptune s'écria : *Qùel dommage qu'on ait gâté un aussi beau bloc de marbre !* Pour nous, qui sommes dans la sphère la plus modeste et plus éloignée de celle de ce grand homme, nous avons voulu par une longue série de travaux, les plus ingrats que l'homme puisse entreprendre, qu'on n'ait plus l'occasion de dire à l'avenir, en voyant des habillements mal faits : *Quel dommage qu'on ait gâté une aussi belle étoffe !*

FIN.

TABLE

DES

MATIÈRES.

FIN DE LA TABLE.

Fig. 2.

Fig. 1.

Methode Barde

Traité Encyclopédique.

Lith. de Engelmann

Fig. 3.

Traité Encyclopédique.

Methode Barde.

Lith. de Engelmann.

Fig. 6.

Fig. 5.

Méthode Barde.

Traité Encyclopédique.

Lith. de Engelmann.

Fig. 8

Fig. 7

Methode Burde

Traité Encyclopedique

Lith. de Engelmann

Fig. 10.   Fig. 9.

Méthode Barde   Traité Encyclopédique

Lith. de Engelmann.

Pl. 6.

Méthode Barde.

Fig. 12.

Fig. 13.

Traité Encyclopédique.

Lith. de Engelmann.

Pl. 7.

Fig. 14.

Méthode Barde.

Fig. 13.

Traité Encyclopédique.

Lith. de Engelmann.

Pl. 8.

Méthode Barde

Fig. 16.

Fig. 15.

Traité Encyclopédique

Lith. de l'esplanade

Méthode Barde.

Fig. 16.   *Fig. 17.*

Traité Encyclopédique.

Lith. de Engelmann.

Pl. 10.

Fig. 19.

Fig. 20.

Fig. 21.

Fig. 22.

Méthode Burde.

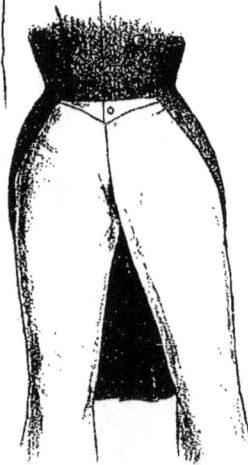

Fig. 23.

Traité Encyclopédique.

Lith. de Engelmann.

Fig. 24.

Fig. 25.

Fig. 26.

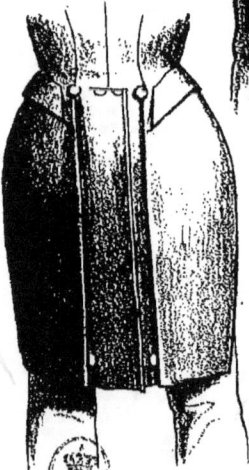

Fig. 27.

Méthode Barde.

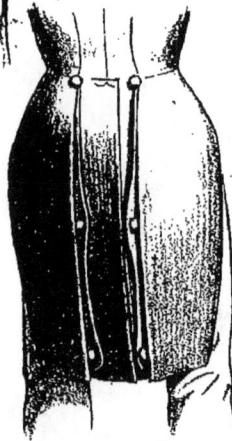

Fig. 28.

Traité Encyclopédique.

Lith. de Engelmann.

Pl. 12.

Fig: 29.

Fig: 30.

Fig: 31.

Fig: 32.

Fig: 33.

Méthode Barde.

Traité Encyclopédique.

Lith. de Engelmann.

Pl. 13.

Fig. 34.

Fig. 35.

Fig. 36.

Fig. 37.

Fig. 38.

Méthode Barde.

Traité Encyclopédique.

Lith. de Engelmann.

Fig. 39.

Fig. 40.

Fig. 41.

Fig. 42.

Méthode Barde

Fig. 43.

Traité Encyclopedique

Lith. de Engelmann

Pl. 15.

Fig. 44.

Fig. 45.

Fig. 46.

Fig. 47.

Fig. 48.

Methode Barde.

Traité Encyclopedique.

Lith. de Engelmann.

Fig: 49.

Fig: 50.

Fig: 51.

Fig: 52.

Fig: 53.

Méthode Barde.

Traité Encyclopédique.

Lith. de Engelmann.

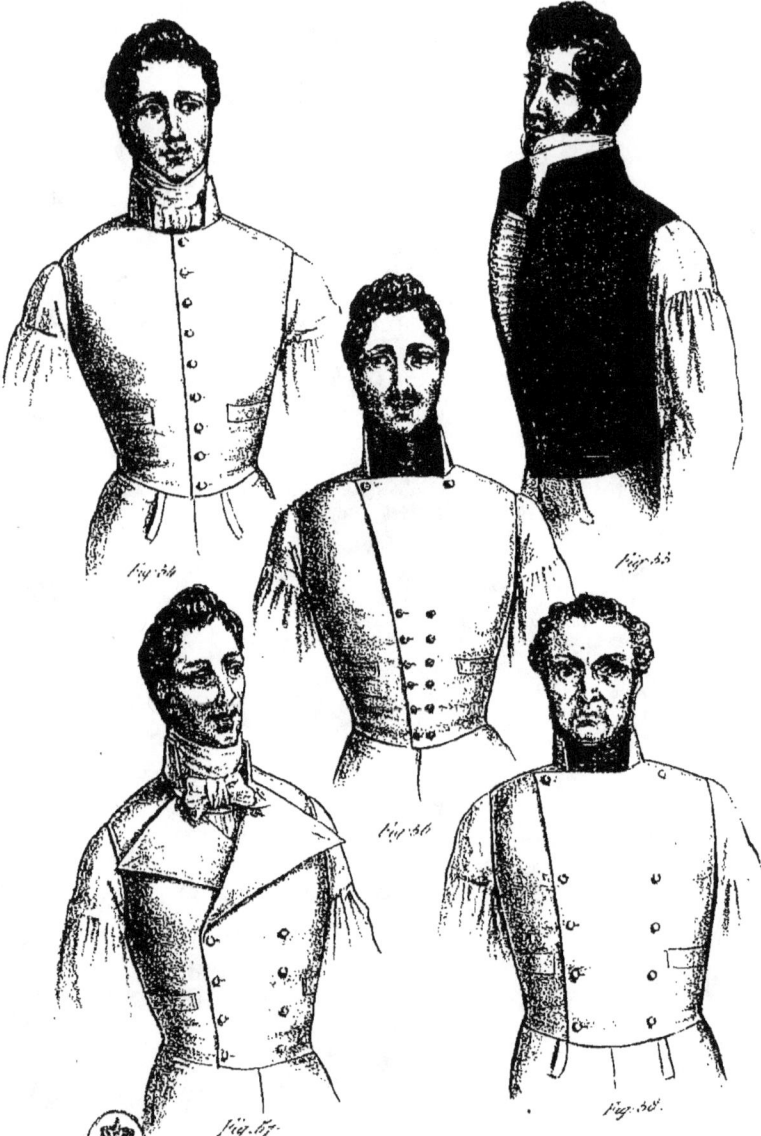

Pl. 17.

Fig. 54.

Fig. 55.

Fig. 56.

Fig. 57.

Fig. 58.

Méthode Barde.

Traité Encyclopédique.

Lith. de Engelmann.

Pl. 18.

Fig: 59.

Fig: 60.

Fig: 61.

Fig: 62.

Fig: 63.

Méthode Barde.

Traité Encyclopédique.

Lith. de Engelmann.

Fig 64.   Fig 65.   Fig 66.   Fig 67.   Fig 68.

Pl. 20.

Fig. 69.

Fig. 70.

Méthode Barde.

Traité Encyclopédique

Lith. de Engelmann

Fig: 71.   Fig: 72.   Fig: 73.

Méthode Barde.   Traité Encyclopédique.

Lith. de Engelmann.

N.º 222.

B.R. 74.ᵉ   Fig. 75.ᵉ

Méthode Barde.   Traité Encyclopédique.

Lith. de Engelmann.

Pl. 23.

B. R. 76.

Théodose Burdé.

Traité Encyclopédique.

Lith. de Engelmann.

Pl. 24.

Fig. 79.

Fig. 78.

B.R

Méthode Barde.

Traité Encyclopédique.

Lith. de Engelmann.

No. 25.

Fig. 81.

Fig. 80.

Méthode Barde.

Traité Encyclopédique.

Lith. de Engelmann.

Pl. 26.

Fig. 82.

Fig. 83.

Méthode Barde.

Traité Encyclopédique.

Lith. de Engelmann.

Pl. 27.e

Fig. 85.

Fig. 84.

B.R

Méthode Barde.

Traité Encyclopédique.

Lith. de Engelmann.

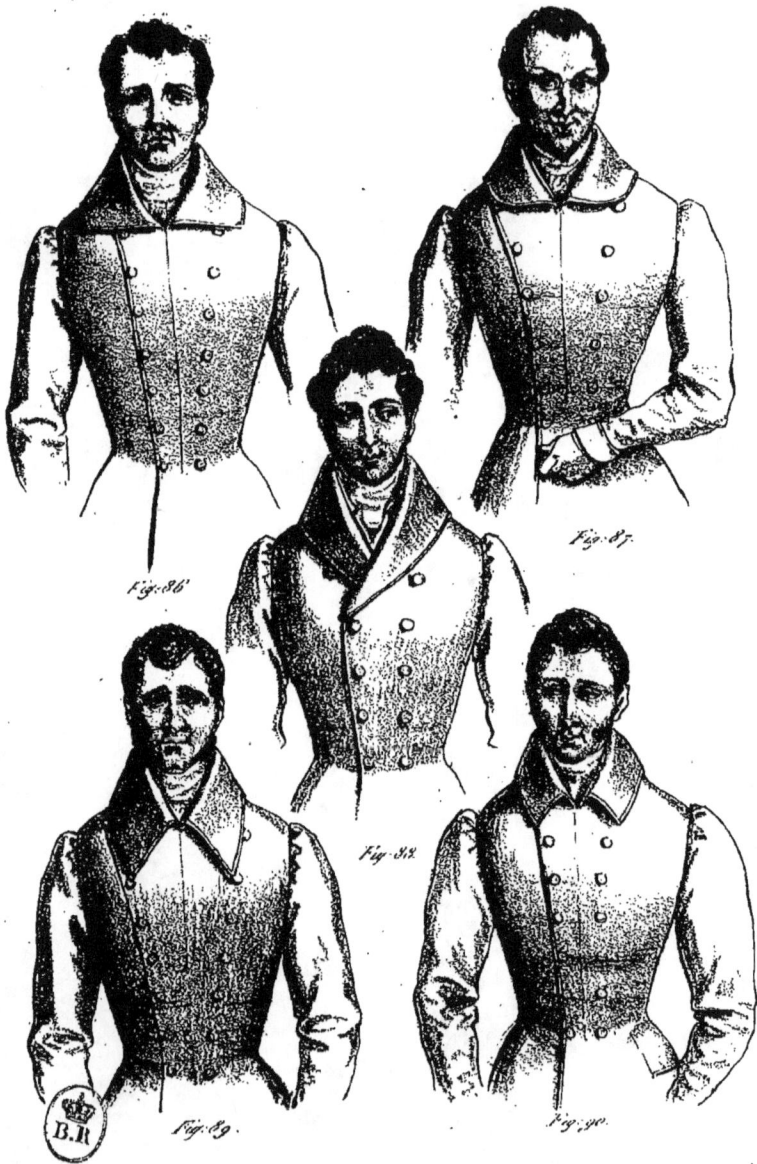

Pl. 28.

Fig. 86.

Fig. 87.

Fig. 88.

Fig. 89.

Fig. 90.

Méthode Barde.

Traité Encyclopédique.

Lith. de Bénard.

Pl. 29.

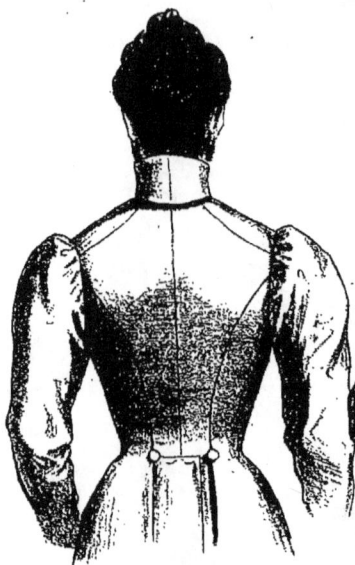

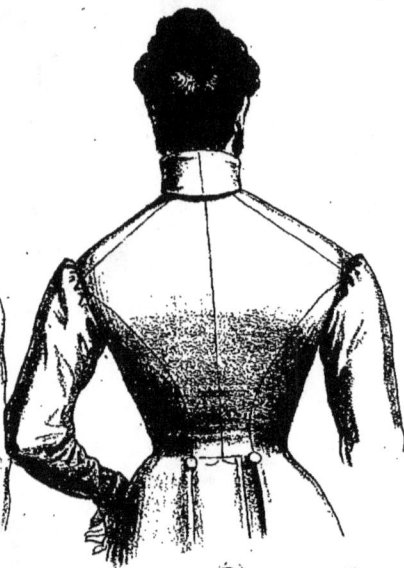

Fig. 92.

Fig. 94.

Fig. 91.

Fig. 93.

Methode Barde.

Traité Encyclopédique.

Lith. de Engelmann.

Pl 36.

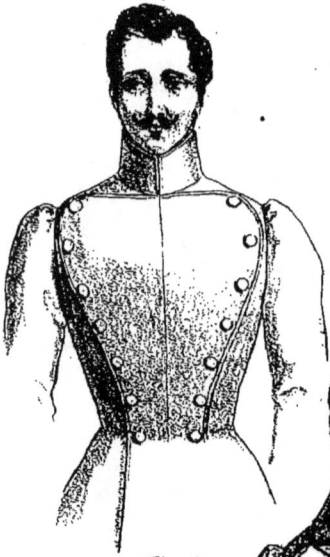

Fig. 95.

Fig. 96.

Fig. 97.

Fig. 98.

Fig. 99.

Méthode Barde.

Traité Encyclopédique.

Lith. de Vincennes.

Pl. 31

Fig. 100.

Fig. 101.

Fig. 102.

Fig. 103.

Fig. 104.

Méthode Bardé.

Traité Encyclopédique.

Lith. de Engelmann.

Pl. 335

Méthode Barde.

Traité Encyclopédique.

Fig. 105.

Fig. 106.

B.R

Lith. de Engelmann.

Pl. 33.

Fig: 107   Fig: 108

Méthode Barde.   Traité Encyclopédique

Lith. de Engelmann.

Pl. 34.

Fig. 109.

Fig. 110.

Méthode Barde.

Traité Encyclopédique.

Lith. de Engelmann.

N.° 35.°

Méthode Barde.

Fig. 111.

Fig. 112.

Traité Encyclopédique.

Lith. de Engelmann.

Pl. 36

Fig. 113.   Fig. 114.

Méthode Barde.   Traité Encyclopédique.

Lith. de Engelmann.

Pl. 37.e

Fig. 115.

Fig. 116.

Méthode Burde

Traité Encyclopédique

Lith. de Engelmann.

Pl. 38.

Méthode Barde.

Fig: 117.

Fig: 118.

Traité Encyclopédique.

Lith. de Engelmann.

B.R

Pl. 39.

Fig. 120.

Fig. 119.

Méthode Barde.

Traité Encyclopédique.

Lith. de Engelmann.

Pl. 40.

Fig. 121.

Fig. 122.

Méthode Bárek.

Traité Encyclopédique.

Lith. de Engelmann.

Pl. 41.

Méthode Barde.

Fig: 123.

Fig: 124.

Traité Encyclopédique.

Lith: de Engelmann.

Pl. 42.

Fig. 125.

Fig. 126.

Méthode Barde.

Traité Encyclopédique.

Lith. de Engelmann.

Pl. 43.

Fig. 127. Fig. 126.

Méthode Barde. Traité Encyclopédique.

Lith. de Engelmann.

Pl. 44.

Fig. 129.

Fig. 130.

Méthode Bardel.

Traité Encyclopédique.

Lith. de Engelmann.

Pl. 45.

Fig. 131.

Fig. 132.

Methode Barde.

Traité Encyclopédique.

Lith. de Engelmann.

Pl. 46.

Fig. 133.

Fig. 134.

Methode Barde.

Traité Encyclopedique.

Lith. de Engelmann.

Pl. 47.

Fig. 133.

Fig. 136.

Methode Bardel.

Traité Encyclopédique.

Lith. de Engelmann.

B.R

Pl. 48.

Fig. 157.

Pl. 49.

Fig. 138.

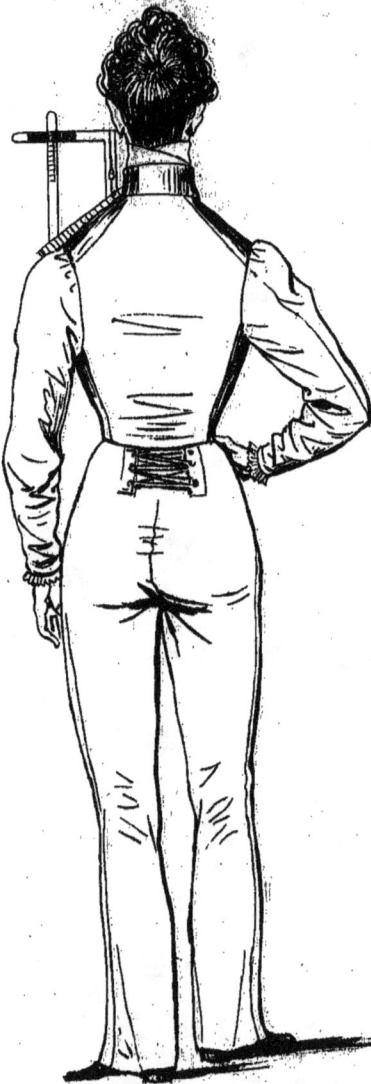

Pl. 50.

B.R. Fig. 140.

Fig. 139.

Méthode Barde.

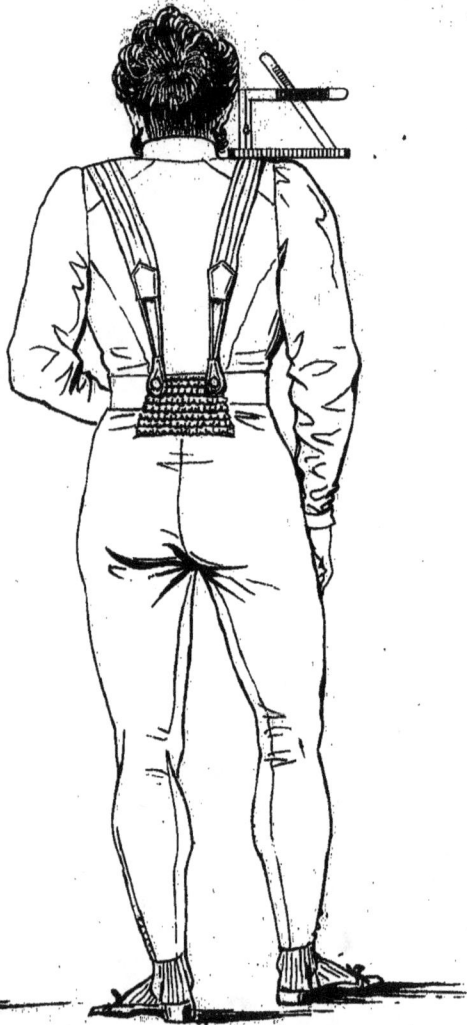

Traité Encyclopédique.

Lith. de Engelmann.

Pl. 51.

Fig. 141.

Fig. 142.

Méthode Bardc.

Traité Encictopédique.

Lith. de Engelmann.

Pl. 52.

Fig. 143.

Fig. 144.

Méthode Barde.

Traité Enciclopédique.

Lith. de Engelmann.

Pl. 53.

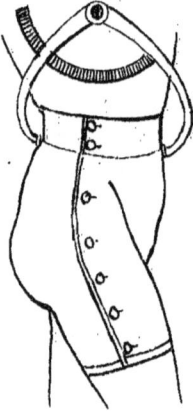

Fig. 145.

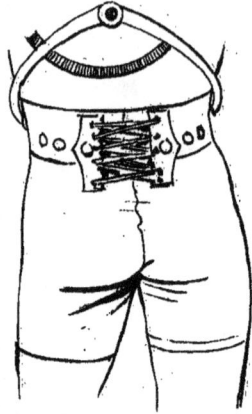

Fig. 146.

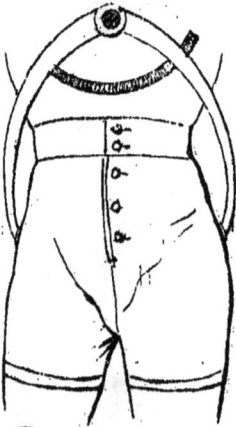

Fig. 148.

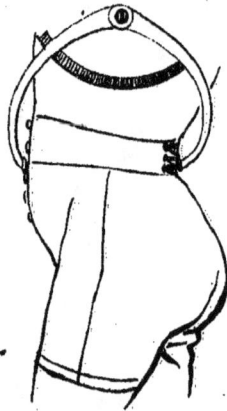

Fig. 149.

Méthode Barde.

Traité Encyclopédique.

Lith. de Engelmann.

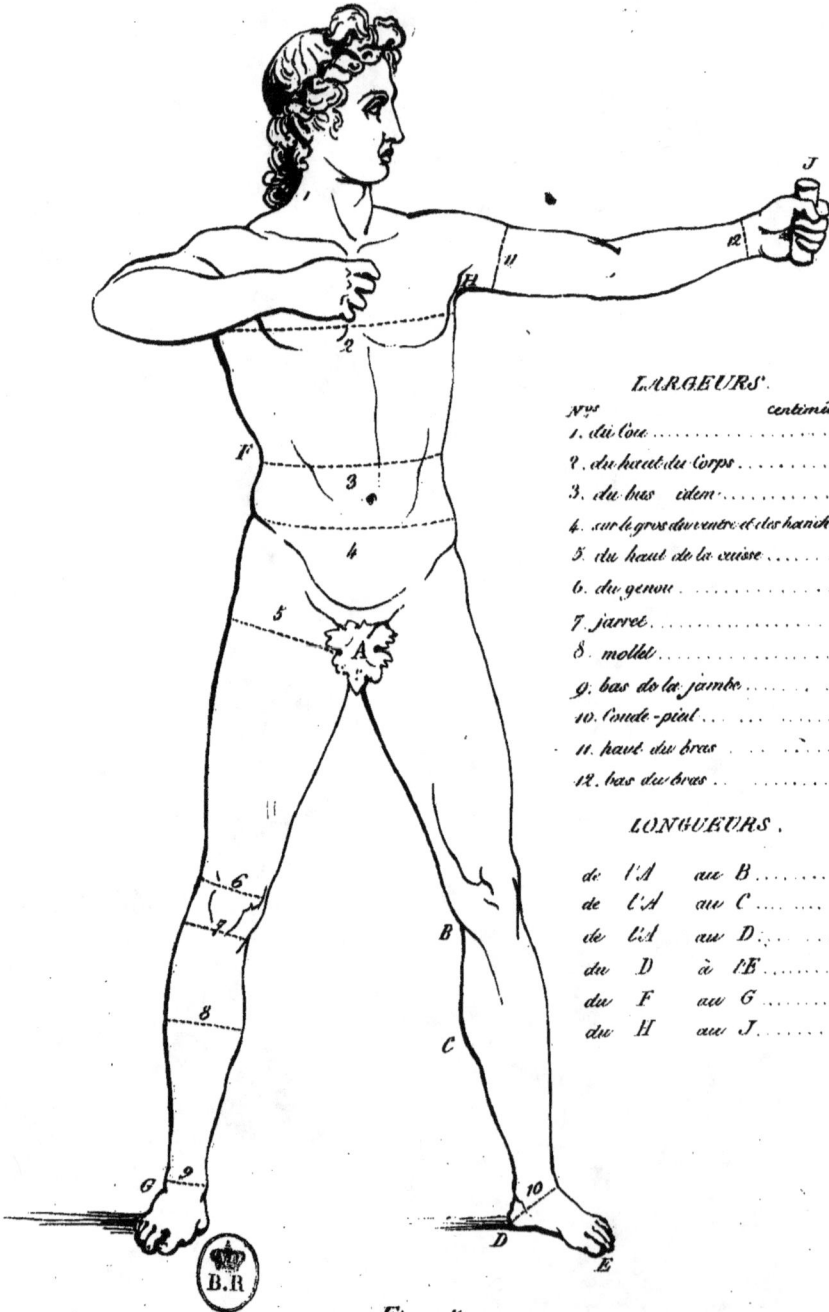

Pl. 54.

LARGEURS.

Nᵒˢ	centimètres.
1. du Cou	38.
2. du haut du Corps	92.
3. du bas idem	86.
4. sur le gros du ventre et des hanches	92.
5. du haut de la cuisse	60.
6. du genou	37.
7. jarret	33.
8. mollet	38.
9. bas de la jambe	22.
10. coude-pied	33.
11. haut du bras	28.
12. bas du bras	18.

LONGUEURS.

de l'A au B	48
de l'A au C	57
de l'A au D	90
du D à l'E	29
du F au G	100
du H au J	63

B.R

Fig. 150.

Fig. 150.

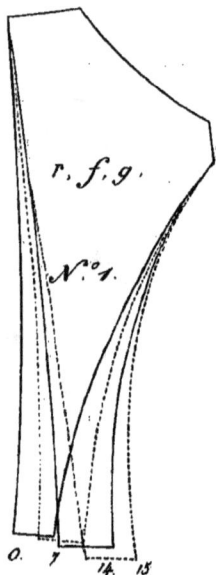

r. f. g.

N.º 1.

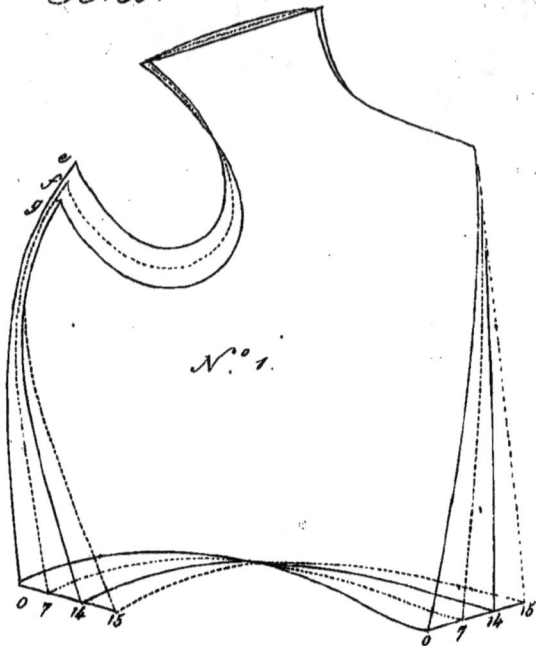

N.º 1.

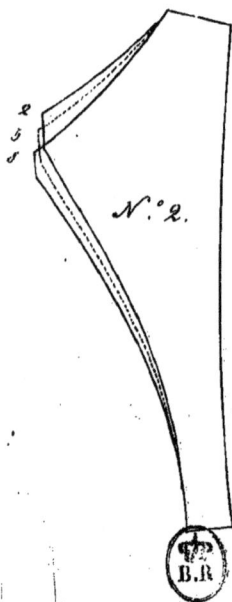

N.º 2.

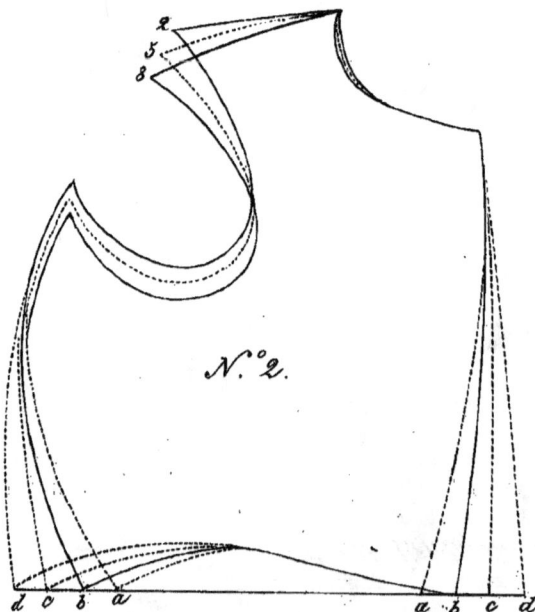

N.º 2.

de Barde. Lith. de Engelmann. Traité Encidopédique.

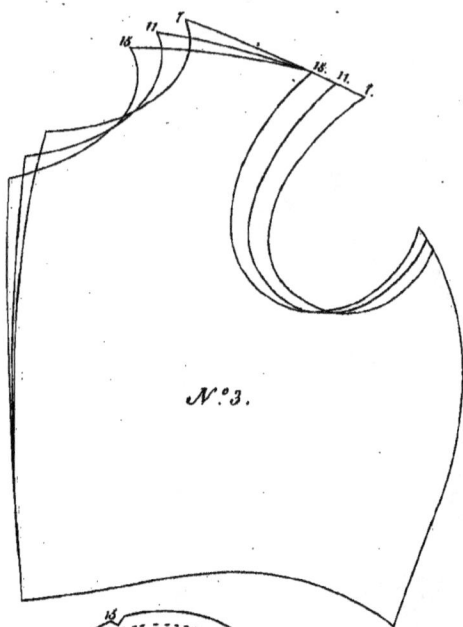

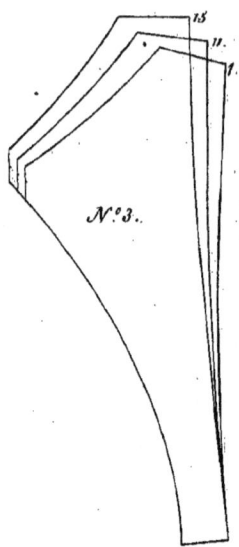

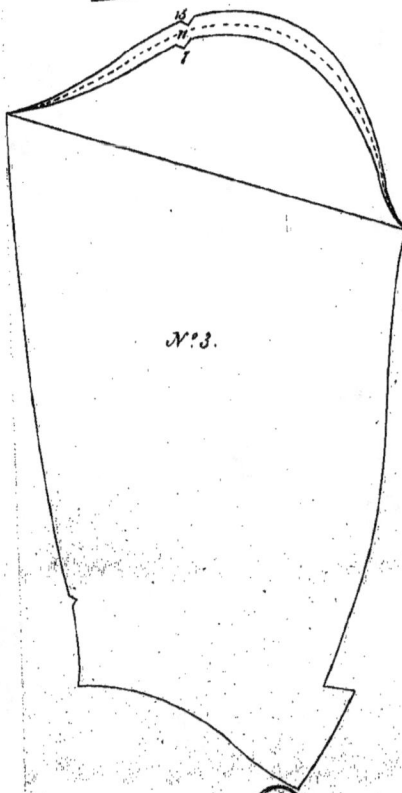

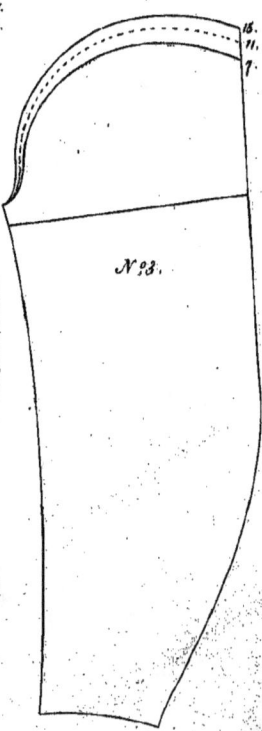

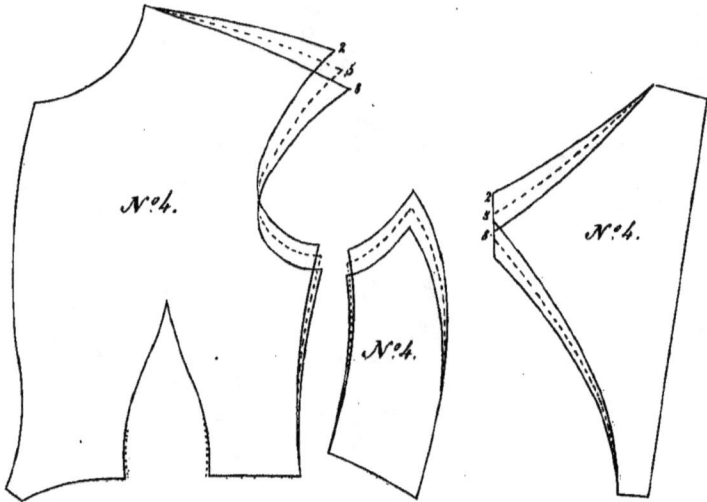

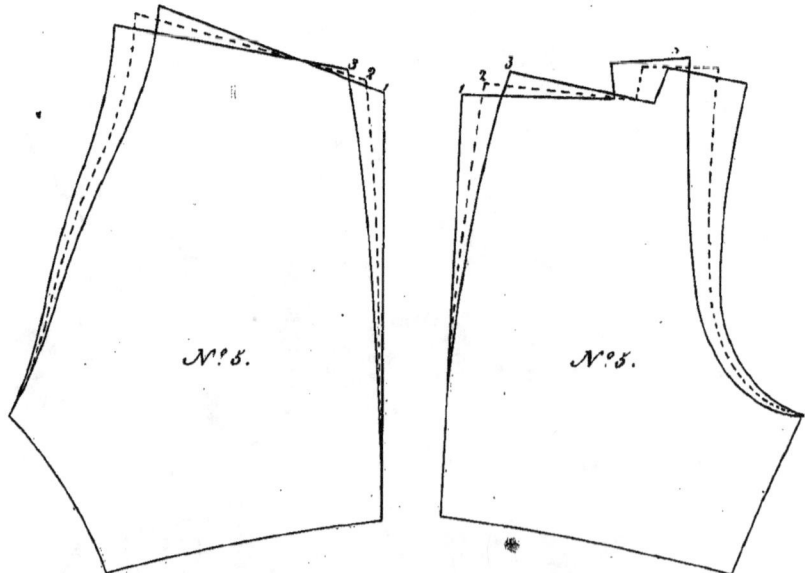